# O CASAMENTO 80/80

NATE KLEMP E KALEY KLEMP

# O CASAMENTO 80/80

UM MODELO NOVO
DE RELACIONAMENTO
MAIS SÓLIDO E
MAIS FELIZ

Tradução
ANDRÉ FONTENELLE

Copyright © 2021 by Nate Klemp e Kaley Klemp

O selo Fontanar foi licenciado para a Editora Schwarcz S.A.

Grafia atualizada segundo o Acordo Ortográfico da Língua Portuguesa de 1990, que entrou em vigor no Brasil em 2009.

TÍTULO ORIGINAL The 80/80 Marriage: A New Model for a Happier, Stronger Relationship

CAPA Matt Vee

ILUSTRAÇÃO DAS PÁGINAS 178-9 Rvector/ Shutterstock

PREPARAÇÃO Cristina Yamazaki

REVISÃO Camila Saraiva e Márcia Moura

Dados Internacionais de Catalogação na Publicação (CIP)
(Câmara Brasileira do Livro, SP, Brasil)

Klemp, Kaley
 O casamento 80/80 : Um modelo novo de relacionamento mais sólido e mais feliz / Nate Klemp, Kaley Klemp ; tradução André Fontenelle. — 1ª ed. — São Paulo : Fontanar, 2023.

 Título original : The 80/80 Marriage: A New Model for a Happier, Stronger Relationship.
 ISBN 978-65-84954-04-5

 1. Casais – Conduta de vida 2. Comunicação no casamento 3. Intimidade (Psicologia) 4. Pessoas casadas – Psicologia I. Klemp, Nate II. Título.

22-134981                                                    CDD-306.89

Índice para catálogo sistemático:
 1. Casamento : Aspectos sociais 306.89

Aline Graziele Benitez – Bibliotecária – CRB-1/3129

Todos os direitos desta edição reservados à
EDITORA SCHWARCZ S.A.
Rua Bandeira Paulista, 702, cj. 32
04532-002 — São Paulo — SP
Telefone: (11) 3707-3500
facebook.com/Fontanar.br
instagram.com/editorafontanar

*Para Margi, Joe, Judy e Jim,
nossos modelos de amor.*

# Sumário

Introdução ............................................... 9

PARTE 1: COMO EXPLORAR OS TRÊS MODELOS DE CASAMENTO
1. 80/20: Onde estávamos antes .................... 27
2. 50/50: Onde estamos hoje ....................... 40
3. 80/80: Aonde queremos chegar ................... 57

PARTE 2: COMO CULTIVAR UMA NOVA MENTALIDADE
4. Generosidade radical: A mentalidade 80/80 ........ 71
5. Contribuição: O que você faz .................... 85
6. Reconhecimento: O que você vê ................... 96
7. Revelação: O que você diz ....................... 108

PARTE 3: UMA NOVA ESTRUTURA
8. Êxito compartilhado: A estrutura 80/80 ........... 123
9. A divisão de papéis: Quem faz o quê? ............. 136
10. Prioridades: Qual é o "sim" de vocês? ............ 154
11. Limites: Qual é o seu "não"? ..................... 166
12. Poder: Quem está no comando? .................... 181
13. Sexo: A generosidade orgástica ................... 201

PARTE 4: COMO VIVER UM CASAMENTO 80/80
14. Resistência: O parceiro relutante ................ 225
15. Rituais: Os cinco hábitos essenciais
    do casamento 80/80 .............................. 246

Epílogo ........................................... 265
Agradecimentos ................................. 270
Apêndice ........................................ 273
Notas ............................................ 276

# Introdução

Tudo começou com um par de tênis de corrida fedidos. Quando fomos morar juntos, aos 24 anos, Nate costumava deixar seus tênis de corrida amontoados na porta de casa. Todo dia, ele entrava no prédio e tirava os tênis pelo caminho, largando-os corredor afora, onde caíam em algum lugar perto do capacho.

Um dia, depois de uma semana vivendo juntos, Nate foi pegar os tênis. Mas eles tinham sumido. Procurou nos armários, na garagem, na varanda, na lata de lixo. Nada.

"Você viu meus tênis?", perguntou a Kaley.

"Eu te disse, fico louca quando chego em casa e tropeço neles. Fico me sentindo sua empregada, e não é justo. Então agora se vire para achar seus tênis", disse ela.

Incomodado com esse jogo de esconde-esconde, Nate continuou procurando. Vinte minutos mais tarde, depois de revirar o apartamento todo, encontrou-os enfiados na última prateleira do armário da cozinha, aquele armário que fica em cima da geladeira e onde só deixamos os objetos que nunca são usados.

Agora Nate estava irritado. Invadiu o escritório de Kaley. "É sério isso? Acabei de passar vinte minutos tentando achar meus tênis."

Kaley se virou na cadeira de escritório. "Eu te avisei, fico louca quando você não guarda os tênis. E não é minha função guardar suas coisas."

Uma semana e já estava em curso a luta por igualitarismo — a luta para saber quem fazia mais e quem fazia menos, quem cuidava mais e quem cuidava menos.

## DO DRAMA DOS TÊNIS AO DRAMA DOS SOGROS

Com o passar dos anos, Nate aprendeu a guardar os tênis. Mas em pouco tempo surgiram conflitos novos e mais complexos.

Depois de nos casarmos, aos 26 anos, sempre viajávamos no período de festas para visitar os pais de ambos, no Colorado. Fizemos um acordo de divisão do tempo que parecia um golpe de mestre, de modo que não haveria injustiça: os pais de Nate ficavam com a véspera e o dia de Natal. Os pais de Kaley ficavam com três ou quatro dias depois do Natal. Como a família de Nate levava as duas festas, a família de Kaley ganhava os dois dias seguintes mais um ou dois como compensação, por não estarem com a filha no Natal. Parecia um acordo perfeitamente justo. Uma coisa por outra.

Só havia um único problema nessa negociação: deixava em aberto a questão do momento exato, com precisão de minutos, em que sairíamos da casa dos pais de Nate na noite do dia 25. Do ponto de vista de um observador externo, parece bobagem. *Que diferença faz sair às seis ou às sete da noite?* Mas, numa manhã de Natal, essa pergunta virou uma bomba nuclear.

"Queria estar dentro do carro às seis para poder chegar

na casa da minha família antes de todo mundo ter ido dormir", disse Kaley.

"Amor, o jantar de Natal não acaba antes das sete, e eu não quero sair correndo enquanto todo mundo ainda está à mesa", respondeu Nate.

Foi aí que o igualitarismo entrou na conversa.

"Passamos a véspera de Natal inteira e o dia de Natal inteiro com a sua família. Só estou pedindo para sairmos uns minutinhos antes para podermos pelo menos dizer 'oi' à minha família no Natal", protestou Kaley.

"Mas nós vamos passar dois dias a mais na casa dos seus pais", respondeu Nate. E assim prosseguiu.

Passamos a temer, todos os anos, a hora fatídica da transição. Todo ano, a mesma briga, que se resumia a isto: "O que você está pedindo não é justo".

A BRIGA QUE QUASE ACABOU COM TUDO

Após seis anos de casados, as coisas se complicaram ainda mais. Tivemos uma menina, e de repente não estávamos nos desentendendo apenas por conta das tarefas mundanas da vida doméstica ou da logística da família que crescera. Agora, estava em disputa toda a estrutura da nossa vida — das finanças à dedicação ao trabalho, passando por aquilo que fazíamos em nosso cada vez mais raro "tempo livre".

Descobrimos logo que não fazíamos a menor ideia de como responder a algumas das questões mais básicas da vida conjugal: quem paga a conta do cartão de crédito? Quem vai fazer o jantar? Quem reserva as passagens de avião para viajar? Quem marca o dentista da filha? Quem cuida dela quando fica doente? E quem vai buscá-la na creche?

Essa última pergunta quase acabou com o nosso casamento.

Numa noite quente de setembro, estávamos sentados na varanda de um restaurante mediterrâneo da cidade quando Kaley perguntou a Nate: "Durante o outono, você pode ir buscar nossa filha de vez em quando às três e meia?".

Mas não foi isso que Nate ouviu. Ele interpretou a pergunta mais como algo assim: "Já que você é escritor e não tem um emprego de verdade, daria para encerrar seu expediente mais cedo para ir pegar nossa filha?".

Nate começou um discurso exaltado sobre não ser respeitado. Kaley devolveu com todas as razões por que se sentia desvalorizada. Vieram, então, várias insinuações de que Kaley viajava demais, e outras tantas de que Nate não cuidava tanto das coisas.

Foi aí que estouramos. Chegou um ponto em que tudo parecia tão injusto, tão insano, que Nate deixou de lado todos os resquícios de sua personalidade normalmente tranquila e soltou: "Não estou nem aí para o que você acha. Não vou mudar o jeito de viver a minha vida".

Nessa hora Kaley se levantou da mesa e foi chorar no banheiro.

No dia seguinte, mal conseguíamos falar um com o outro. Na semana seguinte, a raiva e o ressentimento persistiam. Levou quase um ano até sumirem os destroços emocionais gerados por essa briga — por causa de quê? Do horário de ir buscar a filha na creche?

Olhando para trás, agora fica claro. Aquela briga não tinha nada a ver com isso. Era a respeito de algo mais profundo: igualitarismo.

Essa briga por igualitarismo quase pôs fim ao nosso casamento.

Mas também foi a briga que nos levou a transformá-lo.

# A GUERRA DO IGUALITARISMO

E quanto a vocês? Talvez os detalhes não sejam os mesmos, mas será que você e seu companheiro ou sua companheira caíram nessa armadilha? Quanto tempo e energia são sugados por conflitos sobre o que é justo e o que não é, sobre quem faz mais e quem faz menos, quem cuida mais e quem cuida menos? Com que frequência vocês brigam sobre questões como a hora de ir buscar na creche ou na escola, com que amigos vão passar o sábado à noite, uma compra que parece extravagante ou quem esqueceu de correr até o mercado para buscar mais ovos?

Na esteira da nossa briga sobre a creche, ficamos pensando se éramos os únicos com dificuldade para encontrar uma saída diante desse impasse, ou se seria um padrão mais universal, um problema enfrentado por todo casal moderno.

Sentimos necessidade de fazer essa pergunta porque quando olhávamos nas redes sociais tínhamos a impressão de estar totalmente sozinhos, perdidos na selva do casamento disfuncional. Não havia mais ninguém falando de seus problemas. Só víamos fotos gloriosas de casais de férias, tomando sol em piscinas de borda infinita, com drinques na mão, curtindo a vida adoidado. Líamos posts de aniversário maravilhosos, em que um declarava publicamente seu amor inabalável pelo outro, conquistando centenas de likes e comentários do tipo "Vocês são o máximo!". Posts como aqueles nos faziam pensar: "Será que somos os únicos com dificuldade para resolver isso? Está todo mundo mochilando em Montana, fazendo sexo o dia inteiro e vivendo felizes para sempre?".

Para responder a essas perguntas, decidimos passar das redes sociais para conversas de verdade. Fizemos entrevistas com mais de cem pessoas de todos os setores da sociedade.[1] Conversamos com casais que pareciam viver um casamento perfeito, casais que sofriam para salvar o casamento, casais recém-divorciados e casais que optaram por não se casar. Conversamos com artistas, acadêmicos, professores, cientistas, pais que não trabalham fora, CEOs e executivos de empresas, progressistas, conservadores, cristãos, ateus, casais heterossexuais, casais homossexuais e um grupo de nômades que morava numa van e estava em lua de mel fazia sete anos.

No fim, não importava com o que essas pessoas trabalhavam, quanto dinheiro tinham ou em quem votavam. Quanto mais olhávamos o que havia por baixo de todos aqueles posts reluzentes nas redes sociais, mais constatávamos, em nós mesmos e nos outros, algo que mudou tudo: todos parecem um pouquinho perdidos quando a questão é fazer o casamento dar certo. Todos parecem estar em busca de um modelo melhor — na verdade, em busca de qualquer modelo — para se sentirem respeitados e conseguirem administrar o caos da vida moderna sem deixar de se amar.

Também descobrimos que os casais mais modernos se veem às voltas com uma lista de desafios semelhante. Quase todos com quem falamos relataram viver ocupados em estado permanente, uma sensação angustiante de nunca ter tempo o suficiente. Uma mulher nos disse: "Eu vivo meus dias só na esperança de que alguém me dê uma hora a mais". Outra desabafou: "Estou acostumada a tirar nota dez em tudo na vida, mas ando agora com a corda tão esticada que para todos — meu marido, meus filhos, meus subordinados — eu tenho tirado nota cinco, nota seis".

Essas pessoas também relataram que se sentem sobrecarregadas, confusas e esgotadas pela exigência de conciliar o casamento com a criação dos filhos, o cuidado com os pais idosos e a progressão na carreira. Um homem declarou: "Com tudo que acontece, quando a semana acaba já é segunda de novo, e eu nunca me sinto renovado, nem de longe". Uma mulher afirmou: "É impossível. Não tenho solução. Conciliar tudo isso é a parte mais complicada da minha vida".

E quase todos os casais relataram que essas pressões cobraram um preço no relacionamento. Um homem contou: "Nossa agenda nos prende tanto que é difícil encontrar um jeito de arranjarmos tempo um para o outro". Uma mulher chegou a confessar: "Francamente, às vezes meu marido fica falando e eu não estou escutando nada. Estou tão distraída e tão exausta do meu dia que não ouço uma palavra sequer do que ele está dizendo".

Essa é a condição do casamento moderno. Ficamos tentando ser o cônjuge perfeito, ao mesmo tempo que damos conta do ritmo enlouquecedor da vida, trabalhando em um ambiente que está sempre "ligado" e acordando todo dia com um post do amigo que acabou de quebrar o recorde pessoal da maratona (angariando, ao mesmo tempo, 12 mil dólares para as pesquisas contra o câncer).

Não é à toa que é tão difícil.

Para piorar as coisas, a estratégia-padrão promovida pela nossa cultura para atingir o equilíbrio é a mesmíssima ferramenta que quase destruiu o nosso casamento: a ideia de que, se conseguirmos equilíbrio na vida em casal, enfim viveremos um êxtase conjugal isento de conflitos.

E esse é o verdadeiro problema. Esse desejo conjugal, aparentemente nobre, de igualitarismo em tudo, nos leva a brigar para saber se uma comprinha de meia hora na Leroy Merlin conta como "tempo livre" no fim de semana. É o que nos leva a bater boca para ver quem vai ficar em casa com o filho, que acabou de manchar o tapete da sala com um jato de vômito. E é o que nos faz brigar por conta do fato de um estar suando a camisa para economizar enquanto o outro acabou de chegar em casa com um robô-aspirador de trezentos dólares. Quanto mais escasso o tempo, mais cresce a tensão. Quanto mais tensão houver no sistema, mais tóxica se torna essa batalha, e vamos ficando menos sintonizados, menos conectados, menos apaixonados.

## NÃO EXISTE AMOR EM UM CASAMENTO COM IGUALITARISMO?

Até certo ponto, todo casal moderno é obrigado a atravessar esse percurso traiçoeiro. Todos nós estamos tentando descobrir como tratar o outro como igual, equilibrando nossas ambições individuais sem deixar de amar. Esse tem sido, sem dúvida, o nosso desafio.

Quanto a nós dois, ambos acabamos de entrar na casa dos quarenta. Casamos há quinze anos, mas estamos juntos, com algumas idas e vindas, há vinte e quatro. Desde o dia em que nos conhecemos, na aula de química, no último ano do ensino médio, nos dizem que temos o dever, em relação a nós mesmos e também para o mundo, de "realizar nosso potencial" e de "realizar algo grande" (individualmente, é claro). Isso levou Kaley a construir uma trajetória como uma coach de executivos bastante requisitada. Levou Nate a se tornar professor, e depois escritor e empreendedor. Ah, e uma última coisa que talvez valha a pena mencionar: a cada ano, Kaley faturou mais que Nate, muitas vezes cinco vezes mais.

Não somos como nossos pais, que tinham tempo para hobbies e torneios de squash no meio da semana — sofremos a pressão incessante do tempo. E, enquanto nossos avós em geral se contentavam com um parceiro duradouro e leal, nós queremos que nosso cônjuge seja, bem, tudo — melhor amigo, amante espetacular, pai ou mãe descolado, profissional de primeira, companheiro dedicado à família e à logística, além de fonte diária de apoio, carinho, diversão e inspiração.

Como a maioria dos casais modernos, queremos tudo. Queremos sucesso individual com todos os benefícios de uma vida compartilhada. Queremos tempo de sobra para estarmos totalmente disponíveis para nossos filhos. Queremos estar conectados e apaixonados. Queremos relaxar (seja lá o que isso quer dizer). Em suma, como muitos dos casais que entrevistamos, damos de cara com o muro da realidade, o tempo todo, diante da constatação exasperante de que *é impossível ter tudo.*

O que fazer, então? Como podemos virar o jogo do casamento e do relacionamento para ter mais daquilo que realmente queremos — amor profundo, conexão, direitos e deveres iguais — e menos da batalha infindável pelo igualitarismo?

*O casamento 80/80* é a nossa resposta. É o fruto de quinze anos de laboratório com nossa própria vida, usando ferramentas que criamos para otimizar o casamento nos tempos modernos. É o fruto de numerosas entrevistas com casais de todos os tipos. É o fruto de décadas usando nosso trabalho com executivos de empresas e profissionais de alto desempenho para entender melhor a dinâmica dos relacionamentos na nova geração de casais. E é o fruto de anos de conversas com os maiores especialistas mundiais em casamento, além de pesquisas profundas sobre a ciência do casamento.

## OS TRÊS MODELOS DE CASAMENTO

Como chegamos nessa situação? E daqui, para onde vamos? Neste livro, iremos levar você numa viagem por três modelos de casamento,[2] cada um representando um jeito diferente de criar uma vida juntos.

No capítulo 1, exploraremos como chegamos até aqui, pelo modelo 80/20. Pense em Tranquilópolis nos anos 1950, uma época em que o casamento era definido por normas de gênero rígidas e injustas. O papel do homem é trabalhar, realizar e prover. O papel da mulher é criar os filhos, cuidar da agenda social e certificar-se de que o marido encontre toda noite, ao chegar, uma casa arrumada e uma refeição deliciosa. Nesse arranjo, a mulher contribui com 80%, senão mais, do tempo, da energia e do esforço emocional do casamento. O homem se safa com 20%. Embora hoje os problemas desse modelo sejam dolorosamente evidentes, vamos examinar a sutil virtude estrutural desse arranjo, que foi desaparecendo nos últimos setenta anos.

Com o modelo 50/50, apresentado no capítulo 2, vamos falar em que pé estamos hoje. Graças a um consenso cada vez maior em torno da igualdade de gênero, ambos os parceiros hoje têm o selo de aprovação cultural para se tornarem executivos aguerridos, cientistas desbravadores ou estrelas de rock. O resultado é um modelo de casamento e de relacionamento baseado no igualitarismo, em que se espera que cada um contribua para o casamento em partes iguais. As virtudes desse modelo são óbvias. Nossa aspiração atual à igualdade no casamento é uma melhoria inegável em relação ao sexismo e à injustiça descarados do passado. E mesmo assim há problemas sérios que afloram quando tentamos atingir a igualdade no casamento cuidando para que cada detalhe seja justo; vamos examinar alguns desses problemas adiante.

No restante do livro, vamos nos debruçar sobre nossa aspiração: o modelo 80/80. Um casamento 80/80 exige uma mudança no espírito de contribuição. É um jeito de sermos iguais sem deixarmos de nos amar, aprimorando nossa capacidade de lidar com os problemas específicos dos tempos de hoje. Num casamento 80/80, cada parceiro se esforça para colaborar com 80%. Sabemos que isso não faz sentido do ponto de vista lógico. Não existe um todo de 160%. Mas de certa forma é a irracionalidade dessa meta que queremos demonstrar. A única forma de se libertar da atual obsessão cultural pela igualdade no casamento é trabalhar em um sentido radical. Para nós, a resposta é 80/80. O restante do livro vai explicar por quê.

Esse movimento em direção a um casamento 80/80 envolve duas grandes mudanças. A primeira é passar de uma mentalidade de igualitarismo para uma mentalidade de generosidade radical, que irá moldar o que fazemos, o que vemos e o que dizemos. A segunda mudança envolve um afastamento dos papéis restritivos do modelo 80/20 e da confusão do modelo 50/50 rumo a uma nova estrutura, uma estrutura organizada em torno do êxito compartilhado, projetada para nos ajudar a navegar sem tanta dificuldade por papéis, prioridades, fronteira, poder e sexo.

O casamento 80/80 é radical e pode ser que não funcione para todo mundo. Apesar disso, consideramos que vale a pena experimentá-lo porque ele transformou a nossa vida para sempre. Nosso casamento continua a exigir esforço constante. Não deixamos de ter dias bons e dias ruins. Ainda discordamos e discutimos sobre certos assuntos. Porém essas ferramentas nos ajudaram a continuar conectados e apaixonados, até mesmo durante os momentos mais complicados.

Acreditamos que o mesmo vai acontecer com vocês.

## A QUEM SE DESTINA ESTE LIVRO

Embora tenhamos mencionado três modelos de casamento, não é preciso ser casado para tirar proveito deste livro. Você pode estar em um relacionamento sério, nos estágios iniciais de um namoro ou ser noivo. Todo casal, casado ou não, defronta com alguma variante desses desafios e pode se beneficiar com uma mudança para o modelo 80/80.

Também não é preciso estar em uma relação heterossexual. Embora parte daquilo que discutiremos tenha a ver com papéis ditados por expectativas de gênero construídas pela sociedade, o modelo 80/80 se aplica a todos os relacionamentos entre dois parceiros.

A força — ou falta de força — do seu relacionamento atual também não faz diferença. Caso seu relacionamento esteja indo bem, este livro o ajudará a otimizar a mentalidade, a estrutura e os hábitos da sua vida compartilhada. Caso vocês estejam em um período de conflito e crise, oferecemos um caminho para se livrar do problema.

E, por fim, não importa se ambos trabalham fora ou se um de vocês fica em casa. Nos casamentos atuais existe todo tipo de arranjo de trabalho, desde o modelo do provedor único ao modelo de dois provedores e duas carreiras, passando pelo modelo primário-secundário, em que um membro trabalha em tempo integral e o outro em tempo parcial.[3] Qualquer que seja o arranjo, todos são casais lutando por um jeito ideal de serem iguais sem deixar de lado o amor.

No fim das contas, para ler este livro basta um requisito: o interesse em melhorar seu relacionamento íntimo. E se você está a fim de mudar, mas seu companheiro não está nem aí? Esse é um problema concreto, vivenciado por muita gente. Evidentemente, é necessário que as duas pessoas transformem o estado de espírito e a estrutura que sustenta um casamento. Incluímos um capítulo denominado "Resistência: O parceiro relutante" (capítulo 14) para ajudá-lo a verificar se o modelo 80/80 dará certo para vocês e para que você perceba como ele pode ser benéfico mesmo que seu companheiro ainda não esteja totalmente engajado. Também incluímos dicas ao longo do livro para ajudá-lo a dar início a uma discussão mais profunda com seu companheiro sobre o quanto vale a pena adotar esse modo novo, e mais gratificante, de estarem juntos em um relacionamento.

COMO LER ESTE LIVRO

Este livro foi organizado em quatro partes principais. A primeira debate os três modelos de casamento que mencionamos. A segunda explora a mudança de mentalidade que está no cerne de um casamento 80/80, uma mudança do igualitarismo para a generosidade radical. A terceira parte propõe uma nova estrutura para a vida conjugal, com base no sucesso compartilhado. A parte final oferece etapas práticas que vocês podem seguir para aplicar os conceitos deste livro na vida cotidiana.

Claro, vocês podem ler este livro na ordem que preferirem. Porém, se decidirem fazer isso, recomendamos que comecem pela discussão sobre a generosidade radical, no capítulo 4, pois ela prepara o terreno para criar a estrutura e os novos hábitos que acompanham um casamento 80/80.

No fim de alguns capítulos, há exercícios práticos. Essas atividades são oportunidades de reflexão para experimentar maneiras de pensar, explorar novas estruturas e confrontar ideias preconcebidas em relação ao casamento. Embora possam ser realizadas individualmente, recomendamos fazê-las junto com o parceiro, para que possam explorar juntos essas ideias. A maneira de realizar essas atividades fica à sua escolha. Para alguns leitores, é melhor fazer uma pausa no final dos capítulos que incluem práticas e experimentá-las antes de seguir na leitura do capítulo seguinte, mesmo que o exercício seja feito rapidamente. Para outros, pode ser melhor ler o livro inteiro e só então voltar às atividades. Encontrem o método que funcionar para vocês.

Por fim, como vocês verão em breve, montamos a estrutura deste livro com base em nossas próprias experiências e nas experiências dos entrevistados. Em alguns casos, usamos o nome real das pessoas. Quando se trata de uma figura pública, usamos também o sobrenome. E, em alguns casos, alteramos o nome e detalhes que permitissem a identificação a pedido dos entrevistados, resguardando assim o anonimato deles.

POR QUE LER ESTE LIVRO

Se você está lendo este livro, provavelmente é bastante ocupado e se sente pressionado pelo tempo — como as mais de cem pessoas que entrevistamos. Você tem uma lista de pendências para zerar, e-mails para escrever, tarefas a realizar etc. Isso pode tornar quase irracional a ideia de gastar tempo lendo este livro. Afinal de contas, basta pensar em tantas outras coisas que poderia estar fazendo.

Mas eis o motivo pelo qual achamos que vale a pena: passar o resto dos seus dias com outro ser humano é uma jornada maluca, uma travessia pelo lado bom e pelo lado ruim da vida, que pode deixá-lo infeliz, sufocado em meio à irritação e ao ressentimento, e aliviado quando acabar. Ou pode abri-lo para novos mundos de experiência, contentamento, diversão, criatividade, êxtase e sentido.

Se há uma coisa que aprendemos em nossa jornada de pesquisa, escrita e vivência das práticas deste livro é que um investimento inteligente no relacionamento rende enormes dividendos. Você sente menos do desgaste e estresse naturais que decorrem de uma vida em constante estado de tensão e conflito. E consegue mais do que tanto deseja: amor, conexão e intimidade.

Parece estranho, mas, além de torná-lo mais feliz em seu relacionamento, o casamento 80/80 pode ajudá-lo também a se sentir mais realizado individualmente.

# PARTE I
## COMO EXPLORAR OS TRÊS MODELOS DE CASAMENTO

# 1. 80/20: Onde estávamos antes

Muito antes do dr. Ruth e do dr. Phil,* no tempo em que ninguém discutia publicamente sexo e os detalhes íntimos de um casamento, existia o dr. Edward Podolsky, pioneiro na área da autoajuda e do aconselhamento conjugal.

Uma das obras mais populares dele foi *Sex Today in Wedded Life* [O sexo na vida conjugal de hoje], publicado em 1945. Hoje esse livro parece mais um estudo de anatomia do que um picante manual de sexo. Oferece conselhos "confidenciais" sobre um pouco de tudo, da desmistificação da "nocividade da masturbação" à frequência do sexo no casamento, passando pela vergonha que alguns homens sentem quando os testículos se retraem depois de um mergulho numa piscina gelada.

Apesar de tudo, nos dois capítulos finais, a obra apresenta aquele que talvez seja o melhor resumo do éthos íntimo do que chamamos de modelo 80/20: dez mandamentos para esposas e maridos.

Em relação à lista voltada aos maridos, os conselhos parecem datados, mas não de todo superados culturalmente:

---

* Especialistas midiáticos da TV americana. (N. T.)

- Lembre-se de que sua esposa quer ser tratada sempre como sua namorada.
- Não seja avaro com dinheiro; seja um provedor generoso.
- Elogie o vestido novo, o penteado, a comida dela etc.
- Sempre dê um beijo ao chegar, principalmente na presença dos outros.[1]

Analisadas em conjunto, são dicas que não acertam exatamente na mosca no que diz respeito a conselhos matrimoniais modernos. Mas também não são totalmente estapafúrdias.

Espere só até ver alguns dos mandamentos para as esposas:

- Seja uma boa ouvinte. Deixe-o falar de seus problemas; na comparação, os seus vão parecer irrelevantes.

- Lembre-se de que sua tarefa mais importante é estimular o ego dele e mantê-lo em alta (já que no trabalho ele sofre bastante desgaste). Cabe à mulher cuidar do moral do marido.

- Nunca faça seu marido passar vergonha na presença dos outros. Se precisar fazer uma crítica, faça-a em particular e sem demonstrar raiva.

- Não tente dar uma de chefe da casa. Faça-o acreditar que é ele quem manda.[2]

O que é mais espantoso nesses mandamentos é que parecem começar com conselhos sensatos de relacionamento e então descambam para afirmações incrivelmente sexistas, avaliadas como exageradas até pelas pessoas que ainda hoje veem o casamento de uma forma tradicional.[3]

"Não ridicularize" seu cônjuge na presença de outros — é, de fato, um bom conselho. "Seja boa ouvinte" — uma vez mais, uma ótima dica. No entanto, já na linha seguinte, aparecem as sombras do modelo 80/20, pois logo depois de "seja uma boa ouvinte" vem "deixe-o falar de seus problemas; na comparação, os seus vão parecer irrelevantes". Frases assim são um bom resumo do status do homem e da mulher nesse modelo.

**VIRTUDES E DEFEITOS DO MODELO 80/20**

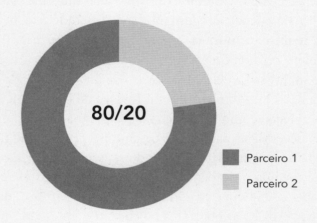

**Crença:** "Não é problema meu."

**Mentalidade:** Obediência e controle

**Estrutura:** Papéis de gênero rígidos

A utopia conjugal do dr. Podolsky é um mundo onde homens e mulheres vivem juntos como senhor e serva, diretor e secretária, provedor e empregada. A mulher ideal é uma serviçal doméstica. Sua tarefa é atender os caprichos do marido. Quando ele estiver com fome, faça uma refeição deliciosa. Quando deixar o casaco no chão, pendure-o no cabide. Quando estiver estressado depois de um longo dia de trabalho, seja a acompanhante, chef de cozinha e terapeuta.

O modelo 80/20 foi criado em torno da noção de poder assimétrico e desigualdade. Um parceiro — historicamente, a mulher — fica com 80% do fardo, enquanto o outro — historicamente, o homem — contribui com 20% ou menos. A mulher cede. O homem controla. Cada um sabe seu lugar.

Você poderia perguntar: como é medido esse índice? O que representa, num casamento, fazer 80% ou 20%? Esse índice é a medida do espírito de contribuição. É um espírito que inclui as tarefas domésticas usuais — cuidar dos filhos e da casa. Mas também inclui formas de contribuição mais intangíveis, como o esforço, a energia e a entrega emocionais necessárias para que o casamento progrida de maneira suave no rumo certo. Esses índices, em outras palavras, são uma medida não apenas de quem está lavando a louça mas também de quem está administrando os conflitos, planejando as decisões importantes e pensando em como fortalecer o relacionamento.

Nutrindo essa dinâmica, encontramos uma crença central: "Não é problema meu". É isso que faz o estilo anos 1950 desse modelo se parecer tanto com servidão. A mulher não é vista como igual — o trabalho dela é cuidar do bem-estar do lar e do matrimônio, o que lhe deixa sobre os ombros 80%. Ela não pode correr atrás dos próprios sonhos fora de casa, porque esse é o papel do marido. E, por conta de seu baixo potencial de receita e falta de recursos financeiros, para ela é quase impossível ir embora. Se fosse, não conseguiria emprego algum.

Fica fácil, evidentemente, perceber o que há de errado com esse modelo. Mais difícil é se dar conta de suas virtudes. Apesar de todos os problemas desse arranjo, na verdade o modelo 80/20 conseguia sair-se razoavelmente bem em alguns aspectos. Em primeiro lugar, repousa sobre uma divisão clara de papéis e responsabilidades. Cozinhar: papel da esposa. Finanças: papel do marido. Ser encantadora: papel da esposa. Cuidar do churrasco: papel do marido. Não estamos de modo algum concordando com o sexismo absoluto desse modelo. Mas é uma questão importante a termos em mente quando começarmos a nos debruçar sobre o modelo 80/80.

O modelo 80/20 tem outra virtude: uma direção única, ainda que seja uma direção estabelecida apenas pelo homem. O casal tem um incentivo claro para trabalhar unido em prol de objetivos comuns. Se você for o homem, quer que a mulher brilhe na criação dos filhos e ao servir uma mesa espetacular para as visitas. Se você for a mulher, quer que o marido consiga aquela auspiciosa promoção no trabalho. O que queremos dizer é que, apesar de diversos problemas, o modelo 80/20 foi criado para incentivar algo positivo: um sentimento de êxito compartilhado.

## A VIDA DEPOIS DO MODELO 80/20, OU "POR QUE EU AINDA TENHO QUE FAZER TUDO?"

Nos dias de hoje, o modelo 80/20 nos remete tanto aos primórdios da história conjugal quanto a uma espécie de anacronismo cultural do qual já nos afastamos bastante.

Na verdade, ambas as ideias são falsas.

Até algumas centenas de anos atrás, por volta do século XVIII, o casamento ocidental era bastante diferente do modelo 80/20. Claro que os modelos antigos de casamento tinham em comum a desigualdade extrema presente no modelo 80/20, e muitas vezes de forma mais intensa. Mas não incluíam algumas das grandes inovações conjugais que atingiram o ápice nos anos 1950. No passado remoto, os casais não detinham, em geral, o poder da escolha do parceiro. E o amor romântico — aspiração central do casamento no século XX — não tinha praticamente nada a ver com a decisão de se casar. Ao longo de quase toda a história, o casamento consistia em uma questão de maximizar as chances de sobrevivência garantindo de vantagens econômicas ou, no caso daquele 1% de felizardos do passado distante, formando de alianças políticas.[4] Portanto, numa perspectiva histórica, o modelo 80/20 de relacionamento, em que o casamento constitui uma escolha, muitas vezes baseada em algum conceito de amor romântico, é na verdade singularmente contemporânea.

Também é falsa a ideia de que deixamos para trás a desigualdade do modelo 80/20. Como aponta Sheryl Sandberg no livro *Faça acontecer*, existe um fosso enorme entre a *expectativa* de igualdade e a *realidade* de igualdade.[5] Vamos pensar, por exemplo, no mundo dos negócios: diz-se às mulheres que elas são iguais, mas elas sistematicamente recebem pior remuneração que seus pares masculinos, e com frequência não são consideradas para cargos de nível executivo.[6]

Esse fosso entre a expectativa da igualdade e a igualdade real também define o mundo do casamento moderno. No mundo industrializado, quase todos acreditam na *expectativa* da igualdade de gênero. Uma pesquisa recente do Pew Research Center, por exemplo, concluiu que 97% dos americanos apoiam a ideia.[7] Porém, isso é o que nós *afirmamos* em relação à igualdade de gênero no casamento, e não o que *praticamos*. Quando olhamos para a realidade do casamento moderno, constatamos que o modelo 80/20, injusto e desigual, continua bastante vivo e saudável, persistindo sob a superfície até mesmo nos lares mais progressistas.

E como se manifesta hoje essa forma mais leve e suave do estilo 80/20? Em nossas entrevistas, constatamos que ela é clara e fácil de identificar. Na maioria das vezes, porém, surge de maneira oculta, mais difícil de perceber, mas nem por isso menos corrosiva a nossa aspiração pela igualdade conjugal.

## A HERANÇA VISÍVEL DO MODELO 80/20

Para testemunhar a atuação dessa forma de desigualdade, vamos analisar Abby e Dave. Eles se conheceram no primeiro ano da faculdade. Na época, Dave era mais um desses baladeiros de diretório acadêmico, do tipo que é atleta de alta performance de levantamento de copo mas não tem as mínimas habilidades práticas para sobreviver como adulto. Aos vinte anos, por exemplo, Dave nunca tinha lavado a própria roupa. Todo fim de semana ele fazia uma peregrinação de vinte minutos à casa dos pais, onde a mamãe lavava e passava a roupinha do filho.

Abby pertencia ao polo oposto das habilidades práticas. Ao contrário de Dave, dominara fazia muito tempo a arte de usar uma lavadora e uma secadora. Cuidava do próprio dinheiro, reservava suas passagens para visitar os pais e desenvolvera esquemas detalhados de controle das contas, das datas de pagamento e de outras tarefas.

Por isso, quando Abby e Dave se apaixonaram, também recaíram numa sistemática em que Abby fazia, digamos, praticamente tudo. Abby deu a Dave um cartão de crédito porque ele não parecia demonstrar a menor vontade ou interesse de arranjar um por conta própria. Em poucos anos, esse padrão passou de um incômodo eventual ao tema central do relacionamento.

Vinte anos mais tarde, Abby e Dave ainda vivem como na época da faculdade. Embora hoje Dave trabalhe como consultor e Abby tenha o emprego mais importante, e mais bem remunerado, como diretora de uma empresa multinacional, ela ainda faz tudo. Nas palavras de Abby, "Eu sou a presidenta. Sou eu a chefe da família. Mas também sou eu que cuido do nosso filho e das coisas de casa. Enquanto ele está deitado no sofá, e eu resolvendo tudo no oitavo mês de gravidez, ele nem se oferece para ajudar. E eu também nem peço, porque se pedisse teria que estar preparada para sair de casa. É uma posição incômoda, sempre estar assim, prestes a ir embora".

É fácil entender o que torna esse arranjo tão problemático. Em casa, Abby continua a fazer exatamente as mesmas coisas que as esposas dos anos 1950 faziam: todo o trabalho de administrar a casa e criar os filhos. Mas há algo muito diferente da dona de casa de avental dos anos 1950: além de tudo isso ela trabalha de sessenta a setenta horas semanais como diretora de uma grande empresa. É como se ela tivesse dois empregos, enquanto o marido passa suas horas vagas maratonando *Breaking Bad*.

Dava para sentir a frustração e a sobrecarga na voz de Abby. Em certo momento, ela confessou: "Meu marido é uma causa perdida. Passei a organizar minha vida com tantas gambiarras que já nem preciso mais dele".

Nem todo casal vive numa situação de desigualdade tão radical. Apesar disso, as estatísticas mais recentes mostram que, no que diz respeito ao trabalho doméstico, a maioria dos casais heterossexuais está, de fato, longe de atingir a igualdade. O Pew Research Center, por exemplo, estima que em média o pai passa oito horas semanais cuidando dos filhos, e dez cuidando da casa. A mãe, por sua vez, passa em média dezoito horas semanais cuidando dos filhos e mais dezoito cuidando da casa.[8] Embora o fosso entre a contribuição da mulher e a do homem venha diminuindo ao longo dos anos, as mulheres ainda trabalham mais.

## A HERANÇA OCULTA DO MODELO 80/20

É fácil se dar conta da desigualdade no casamento de Abby e Dave. Mas nem sempre esse é o caso. Muitas das formas mais poderosas de desigualdade passam batido pelo radar. São difíceis de perceber, mas nem por isso têm potencial menor de destruir a expectativa de igualdade no casamento.

A forma mais encoberta de desigualdade não é uma questão de quem passa mais tempo cuidando da casa e dos filhos. Mas sim de quem despende mais energia mental e emocional nisso. Essa diferença é relevante: não é difícil dar conta da maior parte das tarefas na vida doméstica. Por exemplo, pagar a conta do celular não é complicado. Não é um problema renovar a carteira de motorista. Não é preciso ser ph.D. para saber como ir buscar o filho todo dia no ponto de ônibus.

E, apesar disso, por trás das milhares de tarefas triviais da vida doméstica existe algo difícil de verdade: o fardo mental e emocional de assegurar o cumprimento dessa rotina. Acontece que é muito mais difícil ficar lembrando o cônjuge de pagar a conta do celular todo mês — e lidar com a experiência emocional da irritação, que acomete ambos — do que ir lá e pagar. Certificar-se de atender às restrições alimentares sem glúten, cetogênica e vegana das visitas é mais difícil do que preparar a salada e o tofu. Administrar, lembrar e atravessar o estresse emocional dessas tarefas cotidianas exige um esforço mental e emocional. Executá-las, em compensação, é uma forma de esforço físico praticamente automática.

Pode parecer óbvio. Mas é uma diferença sutil, que até pouco tempo escapou às mentes mais brilhantes da psicologia e da sociologia. À medida que cada vez mais mulheres entravam na força de trabalho, os pesquisadores começaram a perceber que havia algo a mais na desigualdade doméstica além do tempo gasto com o esforço físico das tarefas do lar. Eles se deram conta de que, mesmo quando homens e mulheres passam o mesmo número de horas executando as tarefas domésticas, ainda fica faltando alguma coisa — as mulheres continuavam parecendo ser as "responsáveis oficiais pela preocupação".[9]

A socióloga Arlie Hochschild, da Universidade da Califórnia em Berkeley, se deu conta de que era preciso um nome para essa forma invisível de trabalho, e chamou-a de "trabalho emocional".[10] Perguntamos a diferença entre o trabalho emocional e outras formas de trabalho, e ela respondeu: "O trabalho emocional tem a ver com quem precisa lidar com as tensões, quem tem consciência delas e quem assume a responsabilidade por elas para que tudo corra de maneira tranquila".

O tipo de trabalho descrito por Hochschild é, em sua maior parte, invisível, e muitas vezes difícil de monitorar. Não é o esforço *físico* efetivo de lavar a louça ou trocar as fraldas. É o esforço *emocional* de se preocupar, planejar, lidar com as tensões familiares e analisar o futuro em busca de tempo livre para ajudar e brincar com os filhos, marcar jantares para manter o contato com os velhos amigos ou se lembrar de ligar para os pais no dia do aniversário.

Como o trabalho emocional existe fora do tempo e do espaço, durante nossas entrevistas nós o descobrimos nos lugares mais estranhos. Vejamos o caso de James, um homem que se define como progressista. Ele tem sensibilidade emocional, é um fervoroso apoiador dos direitos das mulheres e o primeiro a apoiar candidatas para cargos eletivos. Mesmo assim, na hora de marcar um horário para a entrevista dele e da esposa, Stephanie, ele respondeu por e-mail com a seguinte frase:

*Como sempre, é a Stephanie que vai marcar para nós*. ;)

Poderíamos apresentar páginas e páginas de informações da entrevista, mas essa frase diz tudo. "É a Stephanie que vai marcar para nós" é o jeito de dizer: "É ela que carrega o fardo da agenda". "Como sempre" é seu jeito de dar a entender que deixá-la cuidar da logística do cotidiano não é um caso isolado. Esse é o clima subconsciente da relação dos dois, o oxigênio que respiram no casamento. E, quanto ao emoticon da piscadinha no final, bem, não sabemos muito bem como interpretar.

Que fique bem claro, James não está dizendo: "É a Stephanie que vai marcar para nós" só para provocar. Ele está dizendo isso porque toda a questão do trabalho emocional é tão fugidia, tão sub-reptícia, que ele, como muitos homens, talvez nem se dê conta do que está acontecendo.

## A VANTAGEM DO MESMO SEXO

Ao conversarmos com casais homossexuais, tanto masculinos como femininos, encontramos um tema em comum: em geral não é preciso lidar com a bagagem cultural do modelo 80/20.

Vejamos o caso de Danielle e Paige. Estão juntas há vários anos e, quando as entrevistamos, estavam a poucos dias de terem gêmeos. Ao perguntarmos a respeito da bagagem cultural dos papéis tradicionais, Danielle explicou: "Temos certa liberdade em relação aos papéis de gênero tradicionais. A sociedade simplesmente não tem as mesmas expectativas sobre nós quanto a ter filhos ou se casar. Isso nos dá mais liberdade para fazer as coisas que queremos e para encontrar um arranjo melhor em relação aos papéis". Paige compartilhava esse ponto de vista. "Não tem a bagagem da sociedade", disse.

Casais homossexuais masculinos fizeram coro. Um entrevistado disse: "Como somos os dois homens, não temos que enfrentar essa expectativa programada, baseada no gênero. Ambos abordamos o casamento com mentalidade aberta".

## A REJEIÇÃO CONSERVADORA CRISTÃ AO 80/20

Nas conversas com casais, fizemos outra descoberta surpreendente em relação ao modelo 80/20. Muitos casais cristãos que se dizem conservadores também rejeitam os pressupostos básicos desse modelo. Esses casais supostamente tradicionais se referiram, muitas vezes, aos valores "ultrapassados" dos anos 1950 como coisa superada. Como nos disse Greg Smalley, vice-presidente para assuntos conjugais da organização conservadora cristã Focus on the Family:

"Pode ser que existam bolhas de cristãos que ainda acreditam nesse tipo de desigualdade de gênero. Mas eu não conheço ninguém na minha comunidade que não concorde com a premissa básica de igualdade no casamento. De um ponto de vista puramente bíblico, Deus nos criou iguais. Temos o mesmo valor e a mesma importância".

Uma cristã conservadora nos contou seu caso: ela lamenta sinceramente o fim da vida 80/20 que levava. Quando ela e o marido se mudaram de cidade, os dois foram procurar emprego e, no fim, o melhor e mais bem pago foi o dela. Foi aí que o marido fez uma proposta que a deixou chocada: "E se eu ficar em casa?". Nas palavras dela: "Lembro que me surpreendi muito com a ideia, e durante algum tempo fiquei ressentida, como se tivessem tirado de mim meu emprego doméstico. Levou mesmo um tempo até eu ver que esse arranjo novo era, na verdade, bom para a nossa família".

Ativistas cristãos conservadores que apoiam a igualdade de gênero no casamento, famílias conservadoras em que o marido passa a cuidar da casa — essa não é a narrativa predominante quando se fala em matrimônio entre grupos políticos de extrema direita. Mesmo assim, foi o que apareceu muitas vezes nessas entrevistas.

Tudo isso é para concluir que, quando se trata da herança do modelo 80/20 na vida atual, a coisa é complicada. É por isso que pegamos esse modelo como nosso ponto de partida. É para nos lembrar que a confusão ainda não ficou totalmente para trás. Em termos estatísticos, nos casamentos heterossexuais o homem ainda faz menos e a mulher ainda faz mais. São fatos culturais relevantes quando se pensa em reestruturar o matrimônio — fatos básicos aos quais voltaremos para analisar o modelo inovador, e mais promissor, do 80/80.

## 2. 50/50: Onde estamos hoje

Tom e Sarah são o casal 50/50 por excelência. Ambos nutrem sonhos e ambições grandiosos. Ambos acreditam na igualdade no casamento. E, por esse motivo, ambos estão comprometidos a tornar o próprio casamento diferente do de seus pais.

Poderíamos dizer que o igualitarismo se tornou o princípio mais sagrado para Tom e Sarah. E se manifesta nas grandes questões: como gastam, economizam e investem dinheiro; como criam e disciplinam os filhos. Manifesta-se até no nível mais microscópico, como na questão aparentemente banal de quem fica de olho nas crianças e quem pode ficar livre, participando das conversas de adultos, nos encontros com os amigos.

Os pais de Tom e Sarah tinham uma solução elegante, mas desigual, para essa questão. Nessas ocasiões, o papel da Mamãe era ficar o tempo todo como cuidadora. O papel de Papai não era, a rigor, nenhum. Ele podia simplesmente fazer o que bem entendesse, enquanto as mães ficavam sentadas perto das crianças, trocando dicas de criação dos filhos e fofocas da vizinhança.

Tom e Sarah não são como seus pais. Querem um casamento que esteja longe de uma monarquia e mais próximo de uma democracia: igualitário, equilibrado e justo. Por isso, para resolver esse problema, fizeram algo que qualquer casal 50/50 inteligente faria — um sistema claro, com igualdade total, e absurdo.

Em eventos sociais, eles configuraram o alarme para tocar a cada dez minutos, marcando "entradas" e "saídas". Nos dez minutos iniciais, Tom pode ficar cuidando das crianças, enquanto Sarah aproveita o tempo para uma conversa mais aprofundada com a melhor amiga sobre o problema que está passando no trabalho. Aí, quando o alarme do celular toca, eles invertem os papéis: é a vez de Tom circular livremente, enquanto Sarah volta ao cuidado com os filhos. Um alarme para vigiar as crianças, um alarme para conversar com os amigos — tudo ótimo, desde que o tempo seja igual para ambos.

Esse esquema bizarro funcionou até o dia em que não deu mais certo. Como seria de esperar, logo começaram a surgir conflitos por conta de descumprimentos da regra dos dez minutos. Quando um dos dois ficava socializando mais tempo, o outro acabava irritado e ressentido.

Essas violações da regra dos dez minutos, porém, não eram o verdadeiro problema. O problema estava no princípio por trás do esquema propriamente dito. Afinal de contas, o igualitarismo pode ser um princípio perfeito para administrar um país ou partilhar uma herança quando morre um parente. Mas quando se trata da complicada tarefa de criar uma existência em comum com filhos, carreiras, pets e pais, a história de Tom e Sarah demonstra a rapidez com que o modelo 50/50 começa a desmoronar.

## A DECLARAÇÃO DE IGUALITARISMO CONJUGAL

Tom e Sarah não inventaram essa batalha pela igualdade. Se alguém inventou, foi Alix Kates Shulman.

Era o ano de 1972. Alix e o marido moravam em Nova York com os dois filhos pequenos. Com o nascimento das crianças, a vida do marido de Alix continuou a mesma. Ele permaneceu no mesmo emprego e tinha a mesma liberdade para sair do apartamento todos os dias por longos períodos. A vida de Alix, em compensação, transformou-se numa espécie de suplício doméstico — uma obrigação diária das seis da manhã às nove da noite, preenchida por visitas à lavanderia, pitis de crianças de dois anos e consultas no pediatra.[1]

Inspirada pelo crescente movimento de libertação das mulheres, Alix decidiu tornar as coisas mais justas. O resultado foi um "Acordo Matrimonial": um contrato conjugal de várias páginas, descrevendo em detalhes minuciosos uma lista exaustiva de quem faz o quê, quando e de que forma. "Como pais", ela declarou, "devemos compartilhar toda a responsabilidade por tomar conta de nossos filhos e nosso lar." As tarefas, insistiu, "devem ser divididas por igual, 50/50". E o que acontece quando um dos parceiros acaba fazendo mais que o outro? A proposta de Alix era a compensação: "Ele(a) deve ser compensado(a) por trabalho extra do outro em igual quantidade".

O acordo estabelece horários precisos, dias da semana e regras de compensação para as manhãs, o transporte, o auxílio aos filhos, a rotina noturna, a procura de babás, quem cuida da criança doente nos dias úteis, a responsabilidade pelos filhos no fim de semana, a cozinha, as compras, a faxina e a lavanderia. No que diz respeito a ajudar nos deveres escolares, a "esposa" é responsável por isso às segundas, quartas e sábados; o "marido" às terças, quintas e domingos. A sexta fica com quem tiver uma dívida pendente para compensar.[2] O acordo conjugal pode ser interpretado como um manifesto cinquenta/cinquentista. E na época de sua publicação original, em 1972, atingiu um ponto nevrálgico, despertando perplexidade e indignação. As revistas *Life*, *Redbook* e *Glamour* publicaram versões do texto.[3] Alix virou ídolo feminista para uns e alvo de chacota para outros.

Fomos atrás do rastro de Alix Kates Shulman, que hoje tem 88 anos e ainda vive em Nova York. Ela reconheceu que esse acordo pode parecer radical. Mas, "na época, uma mulher nem sequer podia ir a um restaurante chique sozinha sem que achassem que era uma prostituta". Era um tempo em que, segundo ela, "a ideia de que um homem pudesse executar qualquer tipo de tarefa doméstica ou cuidar dos filhos era considerada castradora, degradante e risível". Condições assim levaram as pioneiras do feminismo, como Shulman, a lutar por uma nova visão do matrimônio, baseada no igualitarismo e no equilíbrio 50/50.

Essa visão se tornou possível graças a diversas transformações culturais relevantes ocorridas depois da década de 1950. O surgimento da pílula anticoncepcional, nos anos 1960, por exemplo, deu às mulheres maior liberdade sexual e a capacidade de controlar quando e como formar uma família. A partir dali, era mais fácil adiar o casamento para depois de terminar a faculdade ou conseguir um emprego.[4] Essa nova liberdade permitiu que muitas mulheres reivindicassem um status mais igualitário, rompendo com seu papel 80/20 de esposas, mães e cuidadoras do lar.

Com as transformações econômicas, as mulheres passaram a enfrentar menos barreiras à entrada no mercado de trabalho. Em 1950, elas representavam 30% da mão de obra. Em 1970, esse número já tinha aumentado para quase 40%. Em 2018, as mulheres representavam quase metade (47%) da mão de obra nos Estados Unidos.[5] Além disso, naquele ano, em 31% dos lares norte-americanos as mulheres ganhavam o mesmo ou mais que os maridos.[6] Com mais mulheres entrando no mercado de trabalho e um número cada vez maior de esposas com salário melhor que os maridos, começou a ruir o modelo 80/20 do provedor único. Muitas mulheres que trabalhavam fora passaram a ter a confiança

**VIRTUDES E VÍCIOS DO MODELO 50/50**

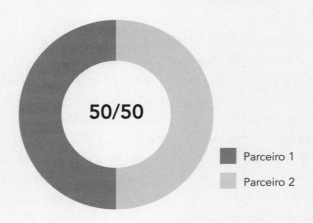

**Crença:** "Quando você sai ganhando, eu saio perdendo."

**Mentalidade:** Igualitarismo

**Estrutura:** Confusão de papéis

e a liberdade econômica para se rebelar contra a ideia de fazer 80%, e assim os homens não puderam mais se safar fazendo apenas 20%.

Todas essas mudanças acabaram com o modelo 80/20 tradicional, preparando o terreno para um modelo novo de casamento, que se parece menos com reprises de *Jeannie é um gênio* e mais com o acordo conjugal de Alix Kates Shulman, uma proposta baseada no meio a meio.

O modelo 50/50 representa um salto gigantesco para a igualdade de gênero; foi uma transformação do sexismo absoluto do modelo 80/20 em direção a um arranjo mais equilibrado. Ele se baseia no igualitarismo e atinge a igualdade com um acordo simples: "Faço os meus 50% se você fizer os seus 50%". Essa é a verdadeira virtude desse arranjo. O movimento em direção à justiça no casamento ajudou a arrebentar os grilhões do modelo 80/20 na época em que as mulheres estavam começando a entrar no mercado de trabalho.

Mas essa é só uma parte da história. Como você pode ter constatado em seu próprio relacionamento, a mentalidade 50/50 também tem seus defeitos. Em vez de nos incentivar a trabalhar juntos por uma meta comum, como no modelo 80/20, ele muitas vezes põe um contra o outro. Agora que nós dois temos liberdade para abrir um negócio, conseguir uma promoção no trabalho ou fazer uma pós-graduação à noite, não raro os dois partem em direções opostas e conflitantes devido a planos, metas e ambições distintos. Quando recebo aquela promoção incrível que pode nos obrigar a mudar de cidade, eu saio ganhando e você sai perdendo. Quando você faz uma viagem de fim de semana com os amigos, você sai ganhando e eu saio perdendo. É um mindset de soma zero que molda a crença principal do 50/50: "Quando você sai ganhando, eu saio perdendo".

Esse tipo de lema funciona bem nos negócios ou nos esportes, em que uma pessoa compete contra adversários com o objetivo de derrotá-los. No casamento, porém, essa ideia é um desastre. Deixa um contra o outro, tornando-nos competitivos em vez de solidários, ressentidos em vez de carinhosos. Como nos disse uma mulher de um casal ambicioso em que ambos têm uma carreira profissional: "Convivo com o fato de que meu marido sempre terá recalque pelo meu sucesso no trabalho. É complicado lidar com isso".

O excesso de individualismo e o ciúme não são os únicos problemas. O modelo 50/50 também traz uma mudança em relação à clareza: se no modelo 80/20 cada um conhece o próprio papel no sistema, agora há um estado de caos e confusão de papéis. Passamos a ser igualmente responsáveis por tudo: ganhar dinheiro, criar os filhos e outras milhares de tarefas aleatórias da vida doméstica. E isso leva muitos casais a atritos constantes a respeito de quem fez o quê, quem fez mais, quem cuida mais ou quem se esforça mais, porque nunca fica claro o que é justo e o que não é. Claro, daria para colocar no papel um contrato detalhado como no "Acordo Conjugal". Mas, como mostra a história de Tom e Sarah no começo deste capítulo, muitas vezes isso só acarreta mais controle, mais ressentimento e mais inquietação conjugal.

### AS MUITAS FACES DO IGUALITARISMO

Como a briga pelo igualitarismo se manifesta na sua relação? É uma pergunta que vale a pena fazer, pois muitas vezes o igualitarismo é invisível. Ele fica encoberto por uma névoa de emoções fortes, como a irritação e o ressentimento. Isso pode se tornar um problema concreto porque, quando você nem mesmo sabe que está lutando por justiça, fica mais difícil solucionar esses conflitos.

Perceber o que está acontecendo, em compensação, proporciona uma liberdade nova. Agora, você tem escolha: pode continuar a combater nessa guerra impossível de ganhar ou mudar a mentalidade, saindo da ideia fixa do 50/50 e do igualitarismo para uma mentalidade mais produtiva (no próximo capítulo, veremos mais a esse respeito).

Portanto, o primeiro passo para começar a cortar esse hábito é percebê-lo em tempo real. Para isso, é bom explorar algumas das manifestações mais clássicas dessa batalha dos tempos modernos. Afinal de contas, todo casamento tem seu próprio campo de disputa pela igualdade. Para alguns, são as tarefas domésticas. Para outros, as finanças. Para outros, é uma questão de sexo, status ou respeito. Seja como for, no fim das contas esses combates costumam se apresentar de seis maneiras diferentes.

- **A briga do placar doméstico:** Clássica disputa 50/50, é a briga para ver quem faz mais e quem faz menos das tarefas da vida doméstica: aspirar o pelo de cachorro no sofá, jogar fora a comida que estragou na geladeira ou ficar três horas em casa, no horário de trabalho, esperando o técnico da TV a cabo aparecer. Acontece mais ou menos assim: "Acabei de cancelar uma reunião importante para ficar aqui por causa do cara da TV a cabo. O mínimo que você podia fazer é ir buscar nossa filha na aula de balé". Traduzindo: estou pê da vida porque fiz mais que os meus 50%, e agora você me deve uma.

- **A treta dos amigos e parentes:** Essa é a briga para encontrar o perfeito equilíbrio 50/50 entre o tempo com sua família e seus amigos e o tempo com a família e os amigos do companheiro. Você sabe que está envolvido nesse tipo de combate quando ouve frases como: "Você disse que cansou de ir jantar na casa dos meus pais e agora pede para passarmos o fim de semana prolongado com os seus. Tá brincando?". Tradução: precisamos ficar exatamente o mesmo tempo com a minha família e a sua família para alcançar a perfeição 50/50 — nem um minuto a mais, nem um minuto a menos.

- **A briga por dinheiro**: Mais sutil, mas com potencial para ser a mais explosiva, é a que acontece quando seu companheiro volta cheio de sacolas de compras enquanto você está sem comprar uma roupa nova há um ano. É a sua sensação quando compra um suéter para o aniversário do seu pai e seu parceiro compra para o próprio pai uma mesa oficial de pingue-pongue. É a guerra que começa quando você conta ao companheiro, que trabalha sessenta horas por semana, que decidiu tirar um "sabático" de alguns meses para pensar no que fazer da vida. Você sabe que está numa briga por dinheiro quando ouve: "Não acredito que você gastou tanto", "Como você é pão-duro" ou "Por que eu tenho que ralar todo dia enquanto você fica aí sem fazer nada?". Tradução: estou p... porque estou fazendo mais que os meus 50% juntando dinheiro enquanto você sai por aí gastando. Ou, se você é o outro: estou p... porque você não quer gastar com nada.

- **A briga do "Você se Acha Mais Importante que Eu"**: Essa é pura questão de poder. Acontece quando os feitos profissionais de um forçam o outro a assumir mais trabalho doméstico, fazer concessões demais ou perder o direito de opinar. O caldo entorna quando a oferta de emprego novo para seu companheiro ameaça provocar uma mudança de cidade e obriga você a mudar de emprego; ou quando seu companheiro, que tem um salário melhor, decide que vai escolher o destino das próximas férias. Por quê? Porque ganha mais. A raiva desponta quando seu parceiro reserva uma viagem de trabalho de três dias e diz, numa boa, "Enquanto eu estiver fora, você pode ir lá do outro lado da cidade buscar a roupa que eu mandei lavar?". Tradução: como minha carreira, ou meu tempo, é mais importante, as regras do 50/50 deixam de valer para mim. Encaixar sua vida na minha é problema seu.

- **A picuinha do tempo livre**: Essa briga começa no dia em que você sai pela porta da maternidade com o primeiro filho. Nesse instante, "tempo livre" deixa de ser um recurso abundante e vira algo mais parecido com ouro doméstico — escasso, difícil de achar e incrivelmente valioso. Começa com uma frase do tipo: "Seu tempo já se esgotou. Você foi fazer compras sem as crianças. Agora é minha vez de dar uma volta". Afirmações como essa geram uma reação previsível, algo na linha: "É, você tem razão. Eu fui fazer compras. Mas isso não conta como 'meu tempo'. Fui comprar coisas para a casa". Tradução: o tempo livre à noite, no fim de semana ou nas férias da família tem que ser distribuído 50/50. Ah, e aquilo que você chama de "tempo livre" nem de longe é tempo livre.

- **A batalha pelas culpas do passado**: Essa briga reside nas profundezas do terreno subconsciente da vida conjugal, tão profundamente que muitas vezes é impossível de reconhecer. Quando os níveis de ressentimento crescem e os ânimos ficam mexidos, a conversa costuma se transformar em uma prolongada batalha igualitária em torno de culpas do passado. "Foi você que disse aquela coisa horrível", ataca um parceiro. Ao que o outro retruca: "É, mas foi você que disse aquela outra coisa horrível". Parece um filme de tribunal. Cada parte apresenta as evidências de como a outra pessoa é o verdadeiro problema, tudo para provar que tinha razão e que o parceiro estava errado, que você agiu de maneira honrada e seu parceiro é que fez m..., e que você era a vítima e seu companheiro, claramente, o vilão. É mais ou menos assim: "Foi você que se mandou naquela noite", ou a resposta previsível: "É, eu me mandei porque foi você que gritou comigo na frente das crianças". Tradução: o que você fez foi pior do que o que eu fiz. Foi injusto, então agora você está em dívida comigo.

Pare um instante para refletir sobre quais dessas brigas (e pode ser mais de uma) já ocorreram no seu relacionamento. É possível que você tenha passado por outras brigas igualitárias que nem sequer estejam na lista acima. A ideia é trazer essa consciência — assim você reconhecerá com mais clareza esse tipo de briga e, na hora em que acontecer, poderá perceber e mudar de atitude.

## AS DUAS FALÁCIAS DO IGUALITARISMO

Flagrar a si mesmo em plena briga por igualitarismo é um importante passo inicial. O passo seguinte é pensar em uma pergunta ainda mais importante: por que essas batalhas pela igualdade parecem nunca terminar? Precisamos de décadas girando em torno das mesmas brigas para começar a enxergar uma resposta. Depois de anos discutindo quem ia mandar mensagem para a babá, quem ia tirar a neve da porta de casa e quem ia planejar o fim de semana com toda a família, começamos a perceber que o dividir tudo não funciona. É como uma miragem no deserto — parece estar bem na sua frente, e que é só se aproximar para alcançar. Mas é uma ilusão.

Essa miragem do igualitarismo é tão sedutora que existem livros e livros dedicados ao tema. Você pode aprender dicas e truques de como escrever seu próprio acordo conjugal. Mas isso não resolve o problema, porque, quanto mais tentamos deixar as coisas em pé de igualdade, mais infelizes ficamos. Por quê? Isso se deve a dois problemas.

PROBLEMA 1: A COMPARAÇÃO

Você já ouviu alguém fazendo comparações absurdas entre áreas diferentes e totalmente sem relação? É mais ou menos assim: "Quem é melhor como músico? Mozart, John Coltrane ou Katy Perry?". Além de ser chato, esse tipo de pergunta não tem sentido. É uma tentativa de comparar contribuições individuais em áreas de conhecimento radicalmente diferentes e até momentos históricos distintos.

Pode parecer uma prática estranha, em que você raramente incidiria. Mas se olhar de perto, vai se dar conta de que esse padrão está no fundo de muitos de seus conflitos. Nos relacionamentos, quem diria, estamos o tempo todo comparando nosso esforço com o do nosso companheiro e tentando contar os pontos. Mas o problema é que não estamos jogando só um jogo, mas setenta jogos diferentes ao mesmo tempo. Num único dia, nosso trabalho inclui arrumar a casa, fazer compras, cuidar das plantas, buscar a roupa na lavanderia, trabalhar no escritório, organizar as contas da família, pagar impostos, planejar as férias, dar atenção aos filhos, programar ocasiões sociais, tirar um dia de licença para ficar com o filho adoentado, socializar com os parentes, receber hóspedes nas férias, atuar como voluntário na escola e assim por diante.

Tentar contar com precisão a pontuação conjugal é bem parecido com tentar identificar qual é o melhor time de futebol, de basquete, de vôlei, de futsal, de handebol e de cinquenta outros esportes. É impossível. Não há como contar gols no vôlei. Não dá para acompanhar tudo nem mesmo quando se trata de um único esporte.

O problema pode se apresentar assim no dia a dia do seu relacionamento: vamos supor que você acabou de passar as duas últimas horas da tarde de sábado dando uma geral na conta bancária e preparando a declaração do imposto de renda. Ao mesmo tempo, seu companheiro acabou de entrar em casa todo alegre, depois de passar horas com os amigos, receber uma massagem no spa ou assistir a um jogo de futebol no bar.

Pode parecer injusto. Por que você tem que perder a tarde de sábado fazendo a declaração de imposto de renda enquanto seu parceiro está na rua, curtindo a vida? E, se esse sentimento ficar forte de verdade, talvez você verbalize: "Acabei de passar as últimas duas horas cuidando das nossas contas, enquanto você estava por aí, se divertindo com a sua turma".

Porém, assim como toda tentativa de contar os pontos conjugais, é uma frase que não faz sentido. Você está comparando o seu esforço em cuidar das contas com o esforço do seu parceiro em cuidar das contas. Pior ainda, você está restringindo essa comparação a algumas poucas horas. Você diz que é injusto, mas está olhando para apenas um dos esportes conjugais. Está ignorando as contribuições de seu parceiro em todas as outras áreas, em todos os outros momentos — telefonar para o provedor de internet e pedir para aumentar a velocidade do wi-fi, levantar no meio da madrugada para levar um copo de água para o filho ou cortar a grama naquele mesmo dia. Também não está levando em conta o fato de que ao longo do tempo as contribuições num casamento são, por natureza, irregulares. Às vezes você faz mais, às vezes é seu parceiro. As coisas são assim mesmo. A realidade do casamento moderno é que temos tanta coisa para fazer, em áreas tão diferentes, que fica extremamente difícil dizer o que é justo e o que não é.

PROBLEMA 2: O PONTO CEGO DAS CONTRIBUIÇÕES

Vamos supor que o problema das comparações pudesse ser resolvido com uma mágica — existiria um algoritmo complexo para marcar os pontos em centenas de domínios conflitantes da vida conjugal. Mesmo assim, seria impossível determinar o que é justo e o que não é.

E por quê? Acontece que somos péssimos em calcular quanto nosso parceiro faz, e até mesmo quanto nós fazemos na casa. No que diz respeito às contribuições do companheiro, nossa estimativa é distorcida pelas informações limitadas de que dispomos. É um fenômeno que os psicólogos cognitivos chamam de *viés de disponibilidade*.

No casamento, somos testemunhas oculares de cada e-mail, cada mensagem de texto, cada migalha que cai no chão, cada vez que *você* vai buscar o filho na escola. Quando a questão é o que o seu companheiro faz, a coisa fica mais nebulosa. De vez em quando você o vê chegando em casa carregado de sacolas de compras, ou dedicando uma quantidade desconhecida de tempo planejando as atividades extracurriculares dos filhos ou as férias. Mas são dados, na maioria, aos quais você não tem acesso. Ou seja, você tem profunda consciência do que *você* faz, mas não tem uma ideia tão clara daquilo que o outro faz.

Para piorar as coisas, no final dos anos 1990 os psicólogos começaram a perceber que somos cegos não apenas em relação às contribuições de nossos companheiros, mas nos iludimos até em relação às nossas. Quando se trata do que fazemos pela casa, temos tendência a superestimar nosso papel.[7] Sentimos que ficamos dez horas tomando conta dos filhos, quando na verdade foram seis. Dizemos que passamos três horas fazendo compras, quando uma hora e meia seria uma estimativa mais correta. E eis uma informação importante: em todos esses estudos, embora homens e mulheres sempre superestimem a própria contribuição, os homens superestimam mais — muito mais.[8]

Perguntamos a Jill Yavorsky, professora da Universidade da Carolina do Norte em Charlotte, uma das maiores especialistas do mundo nesse assunto: "Por que somos tão ruins para calcular o quanto contribuímos em casa?". Ela respondeu que somos maus avaliadores por dois motivos: "Primeiro, criar os filhos às vezes é tão cansativo que temos a impressão de que o esforço é maior do que de fato é; segundo, nosso trabalho doméstico não é contínuo. Sabemos estimar melhor o tempo passado no escritório trabalhando porque ele é mais constante. Cuidar dos filhos, em compensação, costuma ser intermitente, e envolve questões tão variadas que fica difícil determinar o tempo exato passado no trabalho doméstico". O que Yavorsky quer dizer é que algumas tarefas, como tomar conta dos filhos e arrumar a casa, são muito cansativas e acontecem de forma picotada, cheia de interrupções, por isso acabamos ficando péssimos na estimativa do quanto realmente fizemos.

Vamos dar um passinho atrás para refletir sobre o significado disso. Por causa do Problema da Comparação, nunca conseguimos comparar maçã com maçã. Na verdade, é mais como se estivéssemos comparando maçãs com torradas de abacate sem glúten. E mesmo que fosse possível resolver tudo isso por meio de comparações exatas do nosso trabalho com o de nosso parceiro, de nada adiantaria, porque estaríamos embasando nossa aspiração de igualitarismo em pressupostos errados e dados imprecisos. Somos cegos para as contribuições dos nossos companheiros e propensos a superestimar significativamente as nossas próprias (em especial no caso dos homens).

Como se tudo isso não bastasse, há um problema a mais nessa tentativa 50/50 de deixar tudo igualitário: nem todo cuidado com os filhos ou serviço doméstico é uma tarefa penosa que ninguém quer executar. Um pouco desse "fardo" que nos esforçamos tanto para distribuir em partes iguais é gratificante, na verdade. Um pouco dele é um trabalho que *queremos* realizar.

Jane Mansbridge, professora de Harvard e uma das principais estudiosas dos movimentos políticos feministas, foi quem nos levou a essa constatação surpreendente. Ela nos contou um episódio de uns quarenta anos atrás, quando ela e o marido voltaram da maternidade com o primeiro filho. Depois de jantar, na hora de tirar a mesa e trocar a fralda do bebê, ela perguntou ao marido qual das duas coisas ele preferia fazer. Tanto faz, respondeu ele. Então ela pensou: "Dane-se o feminismo; eu *quero* trocar essa fralda e ficar com o meu bebê".

"A vida toda eu fui uma feminista militante", ela explicou, "mas eu não ia deixar isso atrapalhar aqueles minutinhos extras que eu podia passar com o meu filho."

É esse o paradoxo do casamento 50/50. Ele representa um grande salto em relação às normas de gênero injustas e ultrapassadas do casamento 80/20. Mesmo assim, nem de longe o ideal é ficar contando pontos e buscando igualitarismo em tudo. É por isso que vale a pena explorar um novo modelo de casamento, que não se restrinja a levar adiante a promessa de igualdade do 50/50 mas também crie uma nova mentalidade e uma nova estrutura, a fim de ampliar a paixão, a intimidade e a conexão em meio à vida moderna.

Acreditamos que o modelo de casamento 80/80 é a resposta. Os próximos capítulos vão ajudá-lo a entender por quê.

## 3. 80/80: Aonde queremos chegar

Como a maioria dos casais, Priti e Ankit tiveram que traçar um rumo novo assim que se casaram, deixando de lado os modelos herdados de seus pais em favor de um modelo diferente, mais atual. Ao contrário da maioria dos casais, porém, para eles não bastava simplesmente dar uma calibrada nos modelos que conheciam. Eles tinham que construir algo inteiramente novo.

Tanto os pais de Priti como os de Ankit se conheceram na Índia antes de imigrar para os Estados Unidos. Enquanto Priti e Ankit se conheceram em um aplicativo de encontros, seus pais nem chegaram a namorar. Nos dois casos, o casamento foi arranjado.

No começo, Priti e Ankit sofreram para dar conta do choque entre a tradição indiana e o individualismo norte-americano, entre a cultura com que foram criados dentro de casa e a cultura presente na faculdade, nas redes sociais e no trabalho. "De tempos em tempos, embarcávamos em brigas e disputas pesadas sobre igualdade", lembra Ankit. "Eu pensava comigo mesmo: por que eu é que tive que levar o lixo para fora nas últimas três vezes? Por que eu é que tive que esfregar o chão nas últimas quatro vezes? Por que eu é que estou lavando os pratos e picando as verduras?"

Priti enfrentava problemas parecidos. Certo ano, eles fizeram um acordo para dividir o Dia das Mães e o Dia dos Pais. A família de Priti ficou com o Dia das Mães; a família de Ankit, com o Dia dos Pais. Parecia perfeitamente justo, um acordo 50/50, e mesmo assim, como nos contou Priti, "Na hora em que a gente estava combinando os horários do fim de semana, Ankit disse: 'Os meus pais, vamos ver na sexta. Já no fim de semana com os seus, será que a gente pode ir no sábado?'. E eu fiquei besta: 'Por que a sua família a gente vai ver na sexta e a minha só no sábado?'. E o mais maluco de tudo é que eu nem queria necessariamente ir ver meus pais na sexta. Só queria que fosse justo".

Brigas assim levaram Priti e Ankit a se dar conta de que, quanto mais debatiam com precisão de minutos o tempo desfrutado com as respectivas famílias, ou o número de horas picando as verduras, mais vivenciavam raiva e ressentimento. Nas palavras de Priti: "Quando as coisas não estavam equilibradas, a gente se transformava em contadores".

Sem um modelo claro no qual se basear, Priti e Ankit tiveram que encontrar por conta própria um jeito de sair desse círculo vicioso. Começaram mudando de motivação. No lugar do igualitarismo, começaram a fazer experiências realizando a mais banal das tarefas domésticas num espírito de amor e generosidade. "Agora, quando estou esfregando o chão e levando o lixo para fora, ou em outras tarefas do tipo", diz Ankit, "eu tento fazer isso por amor, pensando que estou ajudando a nós dois."

Eles também começaram a se enxergar mais como um time. Em uma conversa recente, por exemplo, sobre a possibilidade de se mudar de Chicago por causa da carreira de um dos dois, eles passaram rapidamente do igualitarismo para uma perspectiva nova, mais distanciada, e isso abriu um mundo de possibilidades. "Decidimos", disse Priti, "que quando uma mudança for boa para a família, vamos fazer. E foi assim que acabamos resolvendo a discussão. Nós dois vimos que, mesmo quando a moeda não cai do lado de um ou do outro, a mudança é em favor de algo maior: nossa união."

O SEGREDO DOS CASAIS QUE SE DÃO BEM

Aprendemos muita coisa entrevistando centenas de pessoas a respeito da aventura que é cuidar dos filhos e da carreira, a pressão por nunca ter tempo o bastante e os desafios e as alegrias de uma vida compartilhada a dois. A ideia mais valiosa de todas essas conversas? *Casais felizes têm um jeito diferente de viver o casamento.*

Os casais mais felizes com que conversamos tinham deixado para trás a dinâmica assimétrica de poder e os ultrapassados papéis de gênero do modelo 80/20. Todos eles falaram da importância de coisas como a igualdade, o compartilhamento de responsabilidades e o trabalho em equipe. Mas atingir o equilíbrio 50/50 era só um passo inicial.

Esses casais felizes também se livraram de muitas das armadilhas do modelo 50/50. Nas palavras de uma mulher, "a ideia de justiça no casamento é como um jogo de futebol em que todo mundo quer ser o camisa dez. Mas, se todo mundo for o camisa dez, quem vai ficar no gol? Quem vai jogar na defesa? E como você consegue ganhar o jogo?". Os casais que se dão bem, em outras palavras, perceberam que o igualitarismo era um obstáculo para o casamento, e não o objetivo.

Em vez disso, eles disseram que se afastaram do igualitarismo e partiram para uma mentalidade e uma estrutura conjugal radicalmente diferentes. Esses casais descreveram uma mudança do 50/50 para o modelo 80/80 de construção de uma vida compartilhada.

Se 50/50 é o índice do igualitarismo, 80/80 é o índice da generosidade radical e do êxito compartilhado. Cada parceiro se esforça para contribuir com 80%, para um total combinado de 160%. Sabemos que a conta não fecha. Mas pense da seguinte forma. Na mentalidade do igualitarismo 50/50, 100% é o limite máximo do amor, da conexão e do potencial criativo. Como você pode ver no gráfico a seguir, o modelo

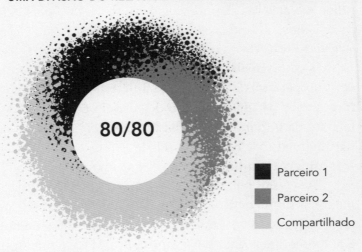

O CASAMENTO 80/80:
UMA DIVISÃO DO RELACIONAMENTO NOVA E RADICAL

**Crença:** "Quando você sai ganhando, eu saio ganhando."

**Mentalidade:** Generosidade radical

**Estrutura:** Êxito compartilhado

80/80 supera essas limitações. Os 160% somados representam um novo mundo conjugal. Implode as ideias preconcebidas e a matemática do modelo 50/50 para nos dar acesso a um amor, uma conexão e uma intimidade mais profundas.

Com o casamento 80/80, passamos da crença 50/50 de que "quando você sai ganhando, eu saio perdendo" para uma nova crença: "Quando você sai ganhando, eu saio ganhando". Deixamos para trás a ideia de que somos dois indivíduos ambiciosos traçando rotas separadas, recorrendo ao igualitarismo só quando surge um conflito ou as coisas não saem do nosso jeito. Passamos, em vez disso, a uma parceria autêntica, em que encaramos juntos, e não separados, os desafios do trabalho, da criação dos filhos e do romantismo.

Como você verá em breve, esse novo modelo funciona em duas dimensões. A primeira é interior. É o que chamamos de *mentalidade* ou *mindset*. Trata-se do nosso modo de pensar, sentir e interpretar essa assustadora missão de construir uma vida com outra pessoa por décadas a fio. Passar do 50/50 para o 80/80 exige uma mudança de mentalidade, do igualitarismo para a generosidade radical. Nas palavras de um entrevistado: "Não pensamos em termos de justiça. Em vez disso, os dois movem céus e terra para contribuir e ajudar um ao outro. Minha mulher acaba de me contar que as mães do quinto ano estão organizando um chá para arrecadar fundos para a escola, e a primeira coisa que pensei foi: 'Como posso ajudar?'". Esse espírito de se doar pelo companheiro é a essência da generosidade radical.

A segunda dimensão do modelo 80/80 é exterior. É o que chamamos de *estrutura*. A estrutura compreende todas as operações, logísticas, responsabilidades, rituais e práticas que nos permitem ficar conectados em meio ao fluxo caótico da vida. A estrutura 80/80 organiza os papéis, as prioridades, as fronteiras, a autoridade e até o sexo em torno da ideia de êxito compartilhado. É um esforço de 80% para priorizar os objetivos comuns acima dos individuais. Nas palavras de uma entrevistada: "O erro que eu vejo acontecer o tempo todo é pensar em *você* e não em *nós*". Outra mulher comentou que a chave de seu casamento é a compreensão de que "Quando você é bem-sucedida, são duas pessoas bem-sucedidas, e não uma". Resumindo, no modelo 80/80 toda a vida é estruturada em torno de uma passagem do "eu" para o "nós", do êxito individual para o êxito compartilhado.

A mentalidade e a estrutura se encaixam como o hardware e o software em um computador. Quando estão em sintonia, somos criativos, eficientes e conectados. E se dá um problema em um dos dois, o trabalho conjugal em conjunto é como tentar fazer o cartão de Natal da família usando um daqueles computadores Macintosh de primeira geração, cinza-claro, dos anos 1980: lento, ineficiente e penoso.

Quando passamos para a mentalidade e a estrutura 80/80, em compensação, paramos de gastar tanta energia em brigas sem sentido e campeonatos de quem grita mais. Podemos direcionar todo o nosso poder criativo para objetivos comuns que só trazem benefícios a ambos: a estabilidade financeira, a criação de filhos felizes, o impacto positivo no mundo, a realização de aventuras, e o sexo escandalosamente bom.

POR QUE NÃO 100/100?

Se quisermos ser radicais, por que não levar a generosidade ao limite máximo? Por que não criar um sistema conjugal 100/100, em que ambos os parceiros aspirem a colaborar com 100%?

A resposta é que a ideia dos 80% é chegar ao limite da generosidade. É romper com todos os hábitos antigos que o mantêm preso aos modelos 80/20 ou 50/50. Mas esticar esse limite é bem parecido com alongar os músculos da perna — chegar ao alongamento máximo é bom, mas se você exagerar muito pode se lesionar.

Nesse caso, o risco não é acabar com um estiramento muscular. É ir longe demais na direção da generosidade e do desapego, a ponto de acabar vivenciando o perigoso extremo oposto: a perda da própria identidade, dos gostos, do propósito.

Em outras palavras, existe a possibilidade de não realizarmos totalmente a generosidade radical ou de a realizarmos em excesso. É por isso que nossa proposta é 80%, em vez de 100%. Um de nossos entrevistados usou a metáfora de um ônibus para explicar esse risco de ir longe demais — ou de tentar atingir os 100% e se perder. Nas palavras dele, "Entrei no ônibus do casamento e filhos sem refletir de verdade sobre isso. Era simplesmente uma coisa que eu tinha que fazer. Nunca perguntei: 'O que eu quero?', e isso causou todo tipo de problema na minha vida". O dilema expressado por esse homem era o de exagerar no altruísmo. De tanto abrir mão das coisas, ele acabou perdendo a si mesmo.

Portanto, embora a ideia do modelo 80/80 seja levar a generosidade ao limite, ele para nos 80% para lembrar que você pode ser ao mesmo tempo radicalmente generoso e individualmente realizado.

POR QUE O MODELO 80/80?

Antes de embarcar na mentalidade e na estrutura do casamento 80/80, queremos lhe proporcionar uma resposta ainda mais profunda à pergunta que fizemos no fim da introdução. É aquela pergunta mais ou menos assim: "A vida já me deixa sobrecarregado. Tenho centenas de outras prioridades e coisas para fazer, todas implorando pela minha atenção. Então por que eu deveria desperdiçar tempo e energia nesse novo modelo de casamento? Que retorno posso esperar desse investimento na melhoria do meu relacionamento?".

Para responder a essa pergunta, pense em três dos principais benefícios que você pode esperar ao experimentar a mudança para um casamento 80/80.

## O MODELO 80/80 REDIRECIONA A ENERGIA DO CONFLITO PARA A CRIATIVIDADE

Tente se lembrar da última briga pesada e interminável que você teve com seu parceiro. Pense em quanto tempo e energia ela tomou, e o preço dessa cascata de hormônios de estresse sobre seu trabalho, a criação dos filhos e a saúde, sua e de seu companheiro. Viver em estado permanente de conflito é o mesmo que viver em uma zona de guerra emocional. É uma fonte incessante de estresse, ansiedade, raiva e desconforto.

Evidentemente, boa parte dos conflitos que vivemos na vida conjugal são mais sutis, menos como aquelas brigas de quebrar pratos e mais como um som ambiente de estresse e ressentimento passivo-agressivo. Mas até essas tensões menores vão corroendo nossa energia vital. São como aquele sapato um pouco apertado: após um dia de caminhada, aparece uma pequena bolha no calcanhar; um mês depois, já virou uma ferida horrenda.

Quando mudamos a mentalidade e as estruturas que dão origem a esse incômodo constante, sentimos um ganho exponencial de energia. Passamos a trabalhar *com* o outro, em vez de *contra* o outro. Em consequência, cada um fica mais criativo, mais produtivo e mais vivo. Além de realizar mais como indivíduos, começamos a atingir níveis de êxito coletivo que jamais teríamos imaginado. E passamos a ter mais energia para investir em amizades, nos filhos e em outras atividades que podem transformar o mundo.

## O MODELO 80/80 ABRE ESPAÇO PARA UMA INTIMIDADE MAIOR

O modelo 80/80 se baseia na ideia de que existe uma conexão íntima entre a logística entediante de administrar um lar e a experiência sublime de um sexo fantástico. Pode não parecer que preparar o almoço, organizar uma festinha infantil ou tirar as folhas da calha tenham influência sobre sua experiência na cama. Porém, como veremos, nosso jeito de cuidar das questões mundanas do cotidiano tem tudo a ver com a qualidade da nossa conexão nos momentos mais íntimos.

Quando você se perde em brigas por conta do igualitarismo, ressentindo-se e irritando-se com seu companheiro, as coisas não ficam lá muito sexy. E isso se espalha por outros aspectos da vida, não apenas na fila do supermercado mas também na hora que vocês estão juntos, deitados na cama, numa manhã de domingo.

Quando você consegue superar essa mentalidade e essa estrutura do relacionamento, pode começar a vivenciar o tipo de tesão que sentia nos primeiros dias, só que desta vez de maneira mais profunda, mais madura e mais duradoura.

## O MODELO 80/80 NOS AJUDA A TRANSFORMAR O MUNDO, TRANSFORMANDO NOSSO CASAMENTO

Com tantos desafios terríveis que o mundo enfrenta — fome, mudanças climáticas, pandemias globais e instabilidade política — pode parecer egoísmo gastar tempo e energia em melhorar seu relacionamento. Mas leve em conta o custo de um casamento em crise. A começar pelo fardo mental e emocional de ambos os parceiros. O dano colateral surge daí, espraiando-se como as ondas na superfície de um lago tranquilo: para os filhos, os pais, os irmãos e os amigos do casal, e para toda uma comunidade de colegas de trabalho e conhecidos. Transforma o mundo, mas não da maneira desejada.

Ao agir em favor de um casamento mais saudável, deixamos de impactar o mundo com nosso sofrimento para impactar o mundo com um sentido compartilhado de amor, contentamento e propósito. Criamos um modelo radical — um casamento erguido sobre a generosidade e o êxito compartilhado — para nossos filhos e talvez até para as gerações seguintes. Quando investimos nesse esforço, não estamos apenas melhorando nosso casamento. Estamos criando transformações positivas no mundo.

---

### O QUE O MODELO 80/80 É E O QUE NÃO É

**O modelo 80/80 não é terapia de casal**
Somos fãs de carteirinha da terapia de casal. Em diversos momentos, ajudou nosso casamento. Ainda hoje, quando passamos por uma fase complicada, uma das primeiras coisas que fazemos é ligar para nossa terapeuta. O modelo 80/80, porém, não é sinônimo de

terapia de casal. Não é uma questão de resolver uma disputa específica. É um modelo que transforma a mentalidade e a estrutura por trás de todo o sistema conjugal, criando espaço para uma mudança no que é mais fundamental. Portanto, pode ser que vocês continuem precisando de aconselhamento, mesmo quando tiverem dominado o modelo 80/80. O modelo 80/80 pode continuar a ser necessário mesmo que vocês tenham um terapeuta de casal espetacular. Os dois atuam lado a lado, em diferentes níveis.

**O modelo 80/80 não é um roteiro para resolver traumas do passado**
Nossos relacionamentos são inevitavelmente moldados por cicatrizes e traumas do passado, tanto da infância como de relacionamentos anteriores. O modelo 80/80 pode ajudá-lo a mudar a mentalidade e a estrutura do seu relacionamento, mas não servem como substituto para a atuação de um terapeuta profissional, que pode ajudar a desfazer os nós psicológicos mais profundos.

**O modelo 80/80 é um guia para navegar pelos desafios do relacionamento moderno**
Os livros tradicionais sobre casamento costumam se concentrar em qualidades essenciais de um relacionamento, como saber ouvir, doar-se, valorizar, estar emocionalmente atento e navegar pelos conflitos — ferramentas que funcionam em qualquer época e local. O modelo 80/80, em compensação, aborda o contexto específico da vida moderna, contexto no qual muitos casais se veem presos numa luta pelo igualitarismo. O objetivo dessa proposta é criar uma nova mentalidade e uma nova estrutura, concebida para atender às necessidades dos tempos modernos. Considera algumas qualidades do casamento tradicional, mas também explora ferramentas não tradicionais, criadas para aprimorar a vida conjugal nestes tempos não tradicionais.

> **O modelo 80/80 é uma jornada em busca de mais amor e conexão**
>
> Cada uma das ideias do modelo 80/80 está ligada a uma prática correspondente, uma ferramenta vivencial criada para ajudá-lo a integrar, na vida cotidiana, os conceitos desse novo modelo. À medida que avança nessas práticas, você vai descobrindo novas habilidades, ideias e rituais. Passa a ir além da simples leitura e reflexão a respeito de generosidade, conexão, amor e intimidade e vivencia, em primeira mão, o poder dessas ferramentas.

Esses benefícios do modelo 80/80, na teoria, são muito bons. Mas quando é que começa a prática?

A resposta está na mentalidade.

PARTE 2

COMO CULTIVAR UMA NOVA
MENTALIDADE

# 4. Generosidade radical: A mentalidade 80/80

Apresentamos a seguir dois depoimentos, de pessoas diferentes, em casamentos bastante diferentes. Ao lê-los, pergunte-se: qual dos relacionamentos parece funcionar melhor? Em qual deles você preferiria estar?

RELACIONAMENTO 1

*Desde o dia em que tivemos filhos, andamos sempre fora de compasso. Vivemos numa permanente dissonância de expectativas. Até nas horas em que ele poderia tranquilamente ajudar, não se oferece. É raro dizer: "Hoje eu posso ir buscar as crianças" ou "Posso tomar conta disto". Ou melhor, é assim até virar uma briga feia. Tudo repousa no entendimento tácito de que quem faz mais sou eu. Eu cuido das contas. Eu cuido do planejamento financeiro. Eu cuido dos passeios. Eu assumi tudo. Ele nunca toca no assunto de quem vai levar as crianças para os compromissos, o que para mim significa que não vê isso como responsabilidade dele. E quando o assunto é a minha carreira, ele é do tipo de cara que sempre diz: "Nunca vou interferir na sua carreira". Mas os atos dele fazem com que eu não consiga assumir tarefas mais complicadas no trabalho, porque prejudicaria as crianças.*

## RELACIONAMENTO 2

*Na primeira noite em que começamos a morar juntos, nós dois usamos o banheiro ao mesmo tempo. Estávamos de pé, um ao lado do outro na pia, e ele se virou para mim e disse: "Como é que nós vamos fazer com a pasta de dentes? Deixamos em cima da pia ou na gaveta?". E eu pensei: "Oh, meu Deus, eu amo esse homem!". São os pequenos detalhes. Ele é superprestativo. Esvazia o lava-louça e faz um monte de coisa com os filhos. Quando ele vai lavar o carro no posto, compra um cartãozinho e escreve frases me agradecendo por ser uma mãe e esposa tão maravilhosa. Só vejo o cartão horas depois, por acaso, na minha bolsa, e penso comigo mesma: "Que sorte que eu tenho". Esses pequenos gestos significam muito. Tanto eu quanto ele estamos dispostos a dar o máximo pelo outro. E demonstramos isso dedicando nosso tempo a pequenas coisinhas aqui e ali: elogios inesperados, bilhetinhos-surpresa e outras pequenas atitudes.*

Ler esses dois depoimentos é como entrar em dois mundos diferentes. O primeiro se situa em algum ponto entre o 80/20 e o 50/50. Dá para notar os resquícios do bom e velho 80/20 e das injustas normas de gênero. Ao mesmo tempo, também dá para sentir o atrito, o recalque e a tensão que advêm da expectativa 50/50 de como as coisas *deveriam* ser igualitárias — mas claramente não são. É um mundo onde você se sente o tempo todo decepcionado, frustrado e irritado. Desde a hora em que acorda, é como se estivesse esperando que o cônjuge diga algo totalmente indevido, ou que mais uma vez deixe de cumprir uma tarefa importante.

O segundo depoimento nos permite vislumbrar o mundo 80/80. A vida nesse segundo mundo parece mais tranquila, mais otimista e mais vibrante. O casamento parece, digamos, espetacular. É um mundo onde você acorda pensando no que pode fazer para apoiar, agradar, motivar e até excitar o seu companheiro. Fazer mais do que se espera de você no mundo não é sua preocupação, nem a dele. O outro se torna seu espelho, refletindo a cada momento sua própria gentileza e generosidade.

A passagem de um mundo para o outro é como a passagem da TV preto e branco para a TV em cores. Um televisor P&B continua a funcionar, dá para o gasto. Mas a cor muda tudo. Torna a experiência do mundo mais vívida, mais interessante e, no fim das contas, muito mais satisfatória.

Qual é a diferença entre esses dois mundos do casamento? Tudo se resume à mentalidade: hábitos mentais sutis que moldam como esses dois casais pensam, agem e interpretam as atitudes do parceiro.

## A MENTALIDADE 80/80 DA GENEROSIDADE RADICAL

A mentalidade ou o mindset é seu jeito de enxergar o mundo. Um jeito formado por crenças, pensamentos e atitude. É como um par de óculos que molda sua percepção do casamento e da vida. Quando você enxerga a vida com os óculos 80/20, vive em um mundo onde o objetivo é fazer a sua parte, preenchendo o papel que lhe é apropriado como marido ou esposa. Quando você enxerga pelas lentes 50/50, vive em um mundo de comparações, de constante marcação e contagem de pontos e, por conta disso, constante tensão e ressentimento.

Em compensação, quando você enxerga a vida com os óculos 80/80, o mundo se transforma. Você não se sente preso aos rígidos papéis de gênero dos anos 1950. Não enxerga mais a vida conjugal como uma troca equitativa de mercadorias. Através dessas lentes, seu parceiro se torna companheiro de equipe, amigo, amante e autêntico parceiro em um jogo mais grandioso, cujo objetivo não é ter razão ou ser igualitário em tudo, e sim ganharem juntos.

Essa é a mentalidade 80/80. Talvez se pareça com pura e simples generosidade. Uma generosidade que transforma a atmosfera do casamento. Significa fazer algo além do que é necessário. Contribuir pelo simples desejo de contribuir. Doar-se sem pedir nada em troca. A generosidade vira do avesso o mindset comum do casamento, que deixa de ser perguntar "O que você fez por mim?" para propor "O que eu posso fazer por você?".

A meta do casamento 80/80 é levar a generosidade ao extremo. É por isso que cunhamos o nome de "generosidade radical". A generosidade radical não é um ato ocasional de generosidade. Não é algo para lembrar de vez em quando, tomando algumas atitudes aqui e ali. A generosidade radical é a aspiração extrema de realizar muito mais do que o que parece ser a *sua* parte, é esse mindset no casamento, na forma de lidar com ele no dia a dia. Quando você passa duas semanas planejando uma surpresa para o aniversário de quarenta anos do seu companheiro sem expectativa alguma de receber algo em troca, isso é generosidade radical. Quando você leva seu companheiro ao hospital para cuidar de um parente doente e não pergunta por que ele nunca fez o mesmo por você, isso é generosidade radical. Quando você para de defender o seu lado e aceita "perder" uma briga dizendo "Não sei por que estamos brigando, mas o que eu realmente quero que você saiba é que amo você", isso é generosidade radical.

Atos de generosidade como esses nos fazem romper com o cálculo olho por olho do igualitarismo. Atuam em um mundo novo e diferente, no qual o interesse maior é apoiar, ajudar e amar seu companheiro, e não se preocupar se está dando mais de 50% ou obtendo menos que isso em troca. É uma atitude contagiante, que tem o poder de derreter os ressentimentos e gerar um mundo conjugal novo, que deixa para trás o 50/50.

## A REGRA DO 80/80

Bolamos uma conta simples para ajudá-lo a entender esse salto do igualitarismo para a generosidade radical. Para começar, é preciso dar um basta aos cálculos do casamento à moda antiga. Já vimos por que os modelos atuais de 80/20 e 50/50 não dão certo. Também já vimos que, para se libertar desses hábitos mentais profundamente arraigados, é preciso ter um novo objetivo, que seja radical e até mesmo extremo. Esse objetivo é a generosidade radical. A divisão é 80/80. E o modo de atingi-la é usando a regra do 80/80: eu luto por 80% e você também luta por 80%.

Como já dissemos, estamos totalmente conscientes de que é uma divisão que não faz sentido — que um todo de 160% é uma impossibilidade matemática. Mas um casamento vai além da matemática. É muito mais do que isso. No mundo ideal, o casamento nos deixa fora do tempo e do espaço. É a alegria da conexão, o êxtase de fazer amor e a segurança que surge do apoio que um dá ao outro nos momentos difíceis.

Certo, pode não fazer sentido contribuir com seus 80% para o casamento. Pode ficar incômodo. Pode até causar espanto em seu cônjuge quando você conseguir. Mas o objetivo radical de lutar pelo 80/80 pode transformar para sempre sua experiência matrimonial.

## OS TRÊS ELEMENTOS

Como será viver na prática o 80/80 — adotar a mentalidade da generosidade radical ao contribuir com 80%? Os próximos três capítulos vão proporcionar a resposta. Como você verá, esse espírito 80% de generosidade radical reorganiza o mindset do casamento com base em três elementos.

O primeiro é a contribuição, ou *o que você faz*. A generosidade radical nos estimula a contribuir nas tarefas mundanas do dia a dia de um jeito novo e inesperado. Contribuir com 80% nas tarefas domésticas, no cuidado com os filhos, no esforço emocional, no planejamento, na logística e no investimento em um casamento robusto significa tentar fazer sempre mais do que parece ser a sua parte. É um hábito mental que pode parecer insignificante, mas traz benefícios profundos. Como nos disse um homem que acabara de sair de um período de crise: "A vida está sempre acabando com a gente. Por isso, se não tivermos o propósito, literalmente todos os dias, de fazer coisas que reforçam e valorizam sempre o nosso relacionamento, tudo começa a desmoronar".

O segundo é o reconhecimento, ou *o que você vê*. A generosidade radical nos estimula a enxergar o mundo do nosso casamento de um jeito novo. Em vez de ficar esquadrinhando os atos do nosso companheiro à procura dos momentos em que ele pisou na bola ou fez menos do que deveria, passamos a enxergar a vida pelas lentes da apreciação. Quando nos damos conta de que o outro está fazendo algo bom — ajudando em alguma atividade doméstica ou oferecendo apoio à família —, nós dizemos isso. Esses instantes simples de reconhecimento podem transformar a experiência do casamento. Como relatou uma mãe de dois filhos que trabalha fora: "Saber que meu esposo me enxerga e que enxerga como estou dando duro, seja pelas crianças, seja por ele, e ser reconhecida pelo que eu faço — isso me recarrega as energias".

O terceiro é a revelação, ou *o que você diz*. A generosidade radical nos estimula a deixar de lado a zona de conforto de não falar sobre nossos ressentimentos, decepções e conflitos; passamos a contar ao companheiro a verdade sobre nossa experiência. No 80/20 e no 50/50, é fácil se refugiar evitando o risco de revelar demais. Também é uma forma de igualitarismo. Se o seu parceiro não revela o que considera um problema, por que você revelaria? Mas a generosidade radical exige algo diferente. É um esforço para revelar as verdades incômodas como um presente para o casamento, a fim de que vocês possam viver juntos com menos tensão e ressentimento. Uma mulher que entrevistamos declarou: "Nós realmente dizemos um ao outro: 'Precisamos pôr isso em pratos limpos'. Senão aquilo afeta todos os aspectos da vida. Sem esses momentos, eu deixo de ser uma boa mãe, deixo de ser uma boa esposa e deixo de ser uma boa empresária".

Quando começamos a alterar nosso mindset dessas três formas — nessa hora em que a generosidade radical passa a fundamentar o que fazemos, vemos e dizemos —, começamos a derrubar os hábitos antigos que nos prendem no ressentimento do 80/20 e do 50/50. A generosidade radical proporciona um caminho para uma mentalidade nova e uma experiência nova, 80/80, de companheirismo.

## O 80/80 NA PRÁTICA

Vale a pena observar que o simples fato de lutar pelos 80% não quer dizer que você sempre conseguirá. Como explicamos em capítulos anteriores, sempre há um ponto cego na nossa contribuição e a maioria de nós não tem como saber se está chegando perto de cumprir a sua parte. A tendência, ao contrário, é de superestimarmos nossa própria contribuição, subestimando a do parceiro.

Isso significa que almejar os 80% provavelmente não resultará em atingi-los de fato. Não que isso seja um problema, porque, mesmo que você não atinja essa meta, o simples fato de almejá-la causa uma transformação no seu mindset. A simples tentativa de chegar aos 80% reprograma seu jeito de pensar, do olho por olho, dente por dente para ideias que um dia talvez lhe parecessem absurdas: lavar a roupa do parceiro, preparar o jantar três dias seguidos, fazer um elogio logo depois de ouvir uma crítica a uma manobra no trânsito ou expressar seu incômodo por não ter sido incluído no planejamento de um encontro familiar.

Talvez você fique pensando na possível falta de praticidade dessa mentalidade — uma preocupação de que não funcione nos momentos mais enlouquecedores. Vejamos o caso de Mike. Ele tem dois filhos adolescentes e trabalha em um emprego exigente, o que o deixa no estresse permanente de equilibrar a vida pessoal e a familiar. Nas palavras dele: "Sou uma pessoa ocupada. Minha mulher é uma pessoa ocupada. E além disso temos em volta o restante da família, que parece estar o tempo todo em crise. Temos amigos que estão se divorciando. Essas coisas não param nunca. É complicado".

E, apesar disso, logo antes da nossa entrevista, Mike nos disse que tinha aproveitado dez minutinhos livres para entrar em casa, dar um beijo apaixonado na esposa e lhe dizer: "Sou extremamente grato por tudo que você faz todos os dias pela nossa família". É um casal que vive bem no meio do emaranhado do estresse e do excesso de trabalho. Mas, como nos disse Mike, "esses micromomentos de generosidade criam uma teia de conexão que impede que a sobrecarga estrague tudo. Graças a momentos assim, nossa conexão permanece intacta, por mais ocupados que os dois estejam".

A questão aqui é que não precisamos estar de férias, de ótimo humor ou em um estado de equilíbrio para viver com esse mindset de generosidade radical. É algo que podemos vivenciar em qualquer hora, em qualquer lugar — mesmo nos momentos de estresse, sobrecarga ou crises intensas. Na verdade, pode ser que a gente constate que a generosidade radical se torna até mais poderosa nesses momentos difíceis.

## AS DUAS ARMADILHAS DA GENEROSIDADE RADICAL

A esta altura, alguns de vocês podem estar pensando: "A generosidade radical parece espetacular, e se o meu companheiro fosse o Dalai Lama, ou só um pouquinho mais parecido com aqueles pais carinhosos das séries de televisão, a regra 80/80 seria uma maravilha. Mas ele jamais faria uma coisa dessas. Se eu me entregar ao 80/80, a coisa vai acabar virando mais um 80/20 em favor do meu companheiro, e não vou gostar nem um pouco disso".

Já ouvimos versões dessa frase de inúmeras pessoas, a maioria mulheres. É uma reação que chama nossa atenção para dois importantes obstáculos ao mindset da generosidade radical.

## FOBIA DA DESIGUALDADE

Lutar pelos 80% vai contra a cultura, e não só. Em um mundo de casamentos 50/50, fazer essa transformação costuma gerar medo e ansiedade em um grau nada desprezível. Estamos aqui para lhe dizer isso, na verdade, é um bom sinal — significa que você está fazendo a coisa certa.

Abandonar o terreno conhecido da contribuição 50/50 é uma espécie de jornada rumo ao desconhecido psicológico. Desencadeia uma condição moderna singular, que batizamos de *fobia da desigualdade*. A partir do instante em que você vai além dos 50%, precisa lidar com uma das questões mais incômodas da vida 50/50: *Estou fazendo mais que o meu parceiro*. E, para a maioria de nós, essa é uma ideia que gera de imediato uma série de outras: *Por que estou fazendo mais? Ele é mais importante que eu? O tempo dele é mais precioso que o meu? Ele é, de alguma forma, melhor do que eu? Tem mais poder do que eu?*

Esse é o tipo de tsunami mental que tem o poder de fazer ruir até o casamento mais estável. Por isso, quando pensamentos assim afloram — e vão aflorar, podemos praticamente garantir —, a coisa certa a fazer é manter a tranquilidade. Por maior que seja a vontade de reagir, de denunciar quão pouco seu companheiro faz ou implorar reconhecimento por suas incríveis contribuições, tente, uma vez mais, só estar presente nessa posição incômoda.

À medida que ficar mais à vontade no espaço de generosidade radical do 80/80, você começará a perceber uma coisa fantástica. Verá como essa virtude tão simples derrete os recalques do seu parceiro, abre o coração dele e leva a uma conexão mais profunda. Você vai testemunhar em primeira mão por que a generosidade é a porta de entrada para as formas de amor mais intensas.

Você também poderá se dar conta de que essa capacidade de continuar presente, mesmo com o desconforto da fobia de desigualdade, é boa não só para o seu casamento. É uma mentalidade que também vai ajudá-lo a se tornar mais resiliente pelo resto da vida. Ao aceitar o desconforto em vez de negá-lo, você aumenta seu limiar de resistência ao estresse, a emoções desagradáveis e a discussões complicadas — uma capacidade que vai permitir que você enfrente com mais facilidade todos os desafios cotidianos.

## O PROBLEMA DO "MEU COMPANHEIRO JAMAIS FARIA ISSO"

Vamos tratar agora de um problema maior. Muita gente, tanto mulheres quanto homens, mas principalmente as mulheres, enxergam o cônjuge como alguém incapaz de retribuir esse tipo de generosidade radical 80/80. É um sentimento expressado em frases como "Ele é um caso perdido", "Ela nunca faria isso" e "Ele arranjou tudo tão direitinho para que eu fizesse tudo que não tem motivo para mudar agora".

Isso levanta uma questão: "Por que eu deveria adotar a generosidade radical se meu companheiro nunca fará o mesmo por mim?". Se essa pergunta lhe parece crucial, talvez seja hora de pular para o capítulo 14, "Resistência: O parceiro relutante". Afinal de contas, é uma preocupação que provavelmente vai acompanhar você pelo livro inteiro, e é por isso que dedicamos um capítulo inteiro à resistência: ele vai ajudar a identificar se o modelo 80/80 é possível para você e para seu companheiro, e vai incentivá-lo a investigar se você está contribuindo de alguma forma para essa dinâmica.

Caso queira seguir em frente com a leitura, porém, a resposta mais curta para essa pergunta é simplesmente: para romper com o impasse do modelo 50/50 provocado pelo igualitarismo, alguém tem que assumir a dianteira. Do contrário, vocês permanecerão presos nesse beco sem saída — você e seu parceiro ficam na defensiva, esperando que o outro faça o primeiro movimento. É uma espera improdutiva, alimentada por ideias como "Ele é quem devia ser radicalmente generoso — já que sou eu que tenho que cuidar de quase tudo mesmo", ou "Eu já faço 80% em casa e dou 80% para o casamento — nem pensar em fazer mais esforço para ser generosa".

Existem duas formas de reagir a esse tipo de impasse conjugal. O primeiro é continuar fazendo o que você está fazendo para ver o que acontece quando você traz a generosidade radical para o mundo que compartilham. Isso porque, mesmo que agora você esteja fazendo mais do que considera a sua parte, o mais provável é que não esteja partindo de uma postura de generosidade. Se você for como a maioria das pessoas, provavelmente estará fazendo essas coisas por obrigação, por ressentimento ou por medo de que, se não fizer, ninguém vai fazer.

Só de praticar os atos que você costuma praticar ou acrescentar pequenos gestos de generosidade sem essa motivação olho por olho do igualitarismo 50/50 você já terá a chance de transformar a cultura por trás do seu casamento — acendendo a faísca de um espírito contagiante de generosidade que terá o poder efetivo de aumentar o comprometimento de seu companheiro com o relacionamento, e talvez até aumentar as chances de uma generosidade radical recíproca.

Pense um pouco em como seria se você decidisse correr esse risco e desse certo. Imagine um mundo em que a mentalidade do seu relacionamento fosse invertida, passando do "O que você pode fazer por mim?" para "O que eu posso fazer por você?". Imagine como as brigas diminuiriam. Como você se sentiria melhor. Imagine como aumentariam seu amor e seu reconhecimento pelo companheiro. É uma mudança que transforma a vida. É por isso que achamos que vale a pena dar uma chance à generosidade radical.

### A TRANSFORMAÇÃO PELA GENEROSIDADE RADICAL

Dizer que você quer ser mais radicalmente generoso é como dizer que gostaria de se hidratar melhor. É bom, mas não responde uma pergunta essencial: como? Como você pode passar para a generosidade radical quando corre de lá pra cá o dia todo ou se sente exausto no fim da maratona de trabalho?

Aqui vão duas técnicas.

#### A TRANSFORMAÇÃO FÁCIL

É o movimento ideal para passar da experiência comum da vida cotidiana para o novo mindset de generosidade radical.

**Movimento 1:** Reconheça seu estado atual (80/20 ou 50/50).

**Movimento 2:** Pense consigo: "80/80" ou "generosidade radical".

O primeiro movimento é tomar consciência de que está preso no modelo 80/20 ou 50/50. O segundo é se permitir um insight sutil, pensando "80/80" ou "generosidade radical". O simples fato de plantar essa semente mental ajuda a redirecionar sua atenção para a generosidade radical.

## A TRANSFORMAÇÃO DIFÍCIL

Agora vem o movimento difícil. É a passagem do estado de estresse, raiva ou ressentimento para a generosidade radical. É a "transformação difícil" porque você vai de um lado do espectro emocional para o outro — das profundezas do ressentimento para as alturas da generosidade radical.

**Movimento 1:** Reconheça seu estado atual (80/20 ou 50/50).
**Movimento 2:** Respire fundo três vezes.
**Movimento 3:** Pense consigo: "80/80" ou "generosidade radical".

O segundo movimento é a diferença crucial. Quando a raiva, a irritação ou o medo provocam um desequilíbrio, é fundamental introduzir essa pequena pausa — para deixar as emoções fluírem e assentarem antes de você dar o salto para a generosidade radical.

Agora é hora de levar a generosidade radical um passo adiante — para o que você faz, enxerga e diz no casamento.

# 5. Contribuição: O que você faz

Em 1994, Rob Israel, cofundador da Doc Popcorn, a maior franquia de pipoca do mundo, estava vivendo um problema que não tinha nada a ver com pipoca ou com os negócios. O problema era no relacionamento.

Ele tinha acabado de se juntar com a namorada depois de três anos de relacionamento, mas as coisas não iam como o esperado. Certa noite, quando Rob voltou do trabalho e não a encontrou no apartamento, o sentimento de insatisfação que estava reprimido aflorou, transformando-se em raiva. Naquela noite, ele ficou sentado no sofá, fervilhando de ressentimento e pensando consigo mesmo: *Por que ela não está aqui? Por que a casa está nessa bagunça? Por que não ficamos mais conectados, mais íntimos, e não nos divertimos mais?*

À medida que a agitação de Rob aumentava, um plano mental de ofensiva foi se formando. Ele pensou em todas as coisas que queria dizer à companheira no instante em que ela entrasse pela porta. Formulou várias maneiras de jogar a culpa nela. Mas foi então que sentiu algo que nos descreveu como o momento da "voz de Deus". Como se viesse do nada, uma pergunta surgiu em sua mente:

"Bem... e você, fez o quê por ela?"

Ele ficou ali sentado. Refletiu. E se espantou com essa pergunta banal. O que mais o surpreendeu foi o fato de não ter uma resposta decente. Na verdade, ele não conseguia sequer recordar a última vez em que fizera algum sacrifício em nome de algo generoso, algo que surpreendesse e agradasse a namorada. Naquele instante, Rob percebeu que tinha uma expectativa em relação a ela — amor, apoio, intimidade e conexão — sem ter que dar muito em troca.

Inspirado por essa revelação, se levantou e saiu com uma missão. Estava decidido a surpreender a namorada com um jantar romântico que incluísse todas as coisas preferidas dela. Foi até a loja favorita de comida coreana, na mesma rua do apartamento nova-iorquino deles, e comprou tudo o que ela adorava. Bem na hora em que estava terminando de pagar, a namorada entrou na loja. Quando ela se deu conta de que Rob estava ali comprando tudo que ela mais gostava para um jantar romântico, se derreteu.

Foi um momento que transformou o rumo do relacionamento, abrindo as portas para mais conexão, mais amor e intimidade. Nas palavras de Rob: "Naquele instante, descobri que eu consegui tudo o que eu queria ao dar tudo o que eu queria". Por conta desse aprendizado, ele chegou a cunhar um ditado: "Faça aquilo que você busca e conseguirá aquilo que você sonha".

A história de Rob é um caso de contribuição, o primeiro dos três elementos da generosidade radical. É uma história que nos faz lembrar que contribuir de forma radicalmente generosa não precisa ser nada absurdo, incomum ou caríssimo. Você não precisa surpreender seu parceiro com uma viagem a Fiji, um carro novo ou ingressos para um show com acesso ao backstage. Na verdade, algumas das atitudes de contribuição mais poderosas envolvem transformar coisas comuns, como um café da manhã ou um jantar tarde da noite, em uma oportunidade inesperada de generosidade.

## O "COMO" DA CONTRIBUIÇÃO

Existem dois lados em todo ato de contribuição, e ambos determinam se ele será visto como um ato de amor ou uma picuinha no joguinho de olho por olho do igualitarismo. Tem *o que* você faz — o jantar que preparou, o cartãozinho que escreveu ou a mensagem de texto que enviou. E tem o *como* você faz — o estado de espírito interno que motiva aquele ato.

É tentador pensar que *o que* você faz é a parte mais importante da equação da contribuição. E é verdade que contribuir do jeito certo, com atitudes bem pensadas, importa (falaremos mais a esse respeito na próxima seção). Mas *como* você contribui — a mentalidade que o motiva a agir — tem um impacto ainda maior na forma como esses atos de contribuição serão vistos por ambos os parceiros.

Para ter uma ideia do poder da mentalidade, pense na eterna tarefa conjugal de lavar a louça. Um único ato de contribuição como esse pode ser realizado de três formas diferentes, e cada uma delas altera de maneira profunda o clima do casamento.

A primeira é o 80/20. Você está lavando a louça porque, muito provavelmente, você é a esposa e *é uma tarefa sua*. Se você for a outra pessoa, em compensação, dá uma escapada para ver TV ou ler o jornal. Por quê? Porque lavar a louça não é tarefa sua. Com isso, quem lava a louça fica esfregando os restos de comida e de ketchup de uma pilha de pratos com uma atitude mental mais ou menos assim: "Eu é que tenho mesmo que fazer. É uma tarefa minha".

A segunda forma é o 50/50. Você está lavando a louça porque *é a sua vez*. Você não está com detergente até os cotovelos porque essa é uma responsabilidade exclusiva sua. Afinal de contas, seu companheiro divide o trabalho, é 50/50, portanto qualquer um dos dois poderia dar conta da tarefa. Você está lavando a louça porque é a sua vez ou porque o seu parceiro pisou totalmente na bola e não lavou quando era a vez dele. Como quer que seja, foi você quem acabou com a esponja na mão e uma atitude mental mais ou menos assim: "Por que sou eu que estou lavando a louça de novo? Já é a terceira vez seguida", ou "Não é justo. Sempre que ela cozinha eu acabo com o triplo de pratos para lavar", ou "Graças a Deus amanhã não é a minha vez".

A terceira forma é o 80/80. Você está lavando a louça porque *é seu oferecimento*. O ato de contribuição é exatamente o mesmo dos casos anteriores. Quem está lavando a louça é você, mas *como* você está fazendo isso é totalmente diferente. Nessa terceira realidade, lavar a louça não é uma concessão doméstica ou uma moeda de troca que será cobrada em outra hora. É um exemplo vivo da regra do 80/80. É uma doação, uma prestação de serviço feita sem pedir nada em troca, sem expectativa de retribuição.

Como ser humano, é claro que você nem vai conseguir manter esse mindset gandhiano a cada lavagem de louça. Mas, ao recair no mindset do 50/50, você terá consciência disso e voltará à generosidade radical pensando coisas como "Meu parceiro está meio estressado hoje. Como eu poderia demonstrar apoio?", ou "Estamos no mesmo barco. Ter louça limpa é bom para nós dois".

Essa transformação tem dois poderosos efeitos. Primeiro, é contagiosa. Atos de contribuição banais, realizados com generosidade radical, suavizam os ressentimentos do companheiro. São como ondas em um lago, que vão espalhando esse espírito de generosidade radical por todo o sistema familiar. Como nos disse um homem: "Minha mulher e eu estamos o tempo todo pensando: 'O que posso fazer para ajudar?'. E quando os dois têm essa atitude, um contagia o outro. Até nossos filhos percebem e se inspiram nisso".

O segundo benefício dessa transformação de mentalidade é mais pessoal. Ela transforma a *sua* experiência conjugal. Mesmo que seu companheiro nunca perceba que você varre as migalhas do chão, paga a conta de luz ou organiza os passeios, o mindset radicalmente generoso altera a *sua* própria vivência desses atos cotidianos. Ele acaba com o ressentimento que suga a energia interior, substituindo-a por gentileza e amor.

A questão, aqui, é que o poder da contribuição vai muito além daquilo que você faz. O poder autêntico desses atos está no modo como você os pratica, como os pratica segundo o mindset de generosidade radical.

## O "O QUÊ" DA CONTRIBUIÇÃO

A forma como você contribui dá o tom. Mas isso não significa que aquilo que você executa seja irrelevante. Se não fizesse mesmo diferença, você poderia atingir o êxtase conjugal através de atos de contribuição generosos mas totalmente aleatórios: dar cambalhotas no corredor às seis da manhã, polir todas as maçanetas das portas ou pintar de rosa-choque as pedrinhas na entrada da casa.

Há pessoas que adorariam esse tipo de presente. Mas a

maioria não. E é por isso que, embora a generosidade radical esteja na essência dessa mentalidade, também é fundamental que os atos de contribuição estejam alinhados com coisas que de fato agradem, surpreendam ou ajudem seu companheiro.

Pense nisso como a compreensão do *mapa da generosidade radical* do seu companheiro. Esse mapa lhe diz aonde ir e aonde não ir com seus atos de contribuição. É essencial compreendê-lo, porque os mesmíssimos atos que são encarados com amor e reconhecimento por uma pessoa podem ser vistos com desagrado e irritação por outra.

Vamos supor que você dê um beijo na testa do seu parceiro. Um casal com quem conversamos nos disse que essa era a demonstração suprema de generosidade radical. Quando o marido dava um beijo na testa da esposa, ela se sentia amparada, apoiada e conectada. Mas uma outra mulher nos disse que se sentia humilhada por um beijo na testa, como se fosse uma criança. Nas palavras dela: "Disse ao meu marido que, se ele quiser me beijar na testa, é melhor estar pronto para um soco no estômago".

É por isso que é tão essencial compreender o mapa da generosidade radical da outra pessoa. Pode ser a diferença entre conexão e frustração, ou até mesmo entre reconhecimento e um soco no estômago.

Como começar a compreender melhor o mapa da generosidade radical do companheiro? Como ele pode compreender melhor o seu? Um bom ponto de partida são as cinco áreas primárias de contribuição elaboradas pelo escritor e terapeuta de casal Gary Chapman. Entre os atos a seguir, quais me fazem sentir mais intimidade com o meu parceiro? Quais não têm impacto ou talvez até me afugentem da conexão?

- Palavras afirmativas: São palavras de incentivo e reconhecimento. É o que acontece quando a pessoa lhe faz um elogio, dá um cartão, sussurra "Eu te amo" ao pé do ouvido ou envia uma mensagem de texto carinhosa.

- Tempo de qualidade: É o tempo passado juntos em que a pessoa lhe dedica atenção plena e exclusiva. É o que acontece quando vocês saem para um passeio romântico noturno, dão uma caminhada pelo bairro, viajam juntos ou até quando fazem uma refeição longe do celular.

- Oferecimento de presentes: Não é necessário um presente extravagante ou caríssimo. O que importa é o gesto. É o que acontece quando você recebe flores, uma caixa de chocolates, um desenho, um livro ou até uma pedra diferente que seu parceiro encontrou no parque.

- Atitudes prestativas: São aqueles atos de contribuição que ajudam você a relaxar, ter apoio e se sentir visto pelo outro. É o que acontece quando seu companheiro leva o carro para a revisão, o cachorro para passear, tira a roupa do varal, leva os filhos para a escolinha de futebol ou limpa os fios de cabelo do ralo.

- Contato físico: É o que acontece quando seu parceiro estica o braço para pegar na sua mão, surpreende você com um beijo ou um abraço gostoso de manhã ou faz uma massagem inesperada nas suas costas.[1]

Use essa lista para dar início a uma conversa com seu companheiro. Tendo identificado e compartilhado as áreas que levam vocês a graus de conexão mais profundos, ambos tomarão posse da chave secreta da contribuição. Podem passar a combinar essa mentalidade de generosidade radical (*como*) com atos de contribuição feitos sob medida para o mapa da generosidade radical da outra pessoa (*o quê*). Foi o que Rob fez para surpreender a namorada com o jantar favorito dela. É o que você pode fazer a qualquer momento para passar do 50/50 para o 80/80.

## O EMPURRÃOZINHO DO 80/90

No mundo ideal, tanto você como seu companheiro adotam esse estilo de Contribuição 80/80 com igual entusiasmo. A maioria dos casais, porém, não vive nesse mundo ideal. Vive num mundo conjugal em que uma pessoa está se virando para renovar o seguro da casa e do automóvel enquanto a outra está decidindo se vão assistir um reality show ou um jogo de futebol.

Por isso, vale a pena ponderar: o que fazer se a contribuição continua a ser unilateral? E quando um contribui muito mais que o outro? Afinal de contas, em muitos casais há alguém que contribui demais e outro que contribui de menos, alguém que dá mais de si e outro que dá menos de si. E, como vimos, nos casais heterossexuais, do ponto de vista estatístico, as mulheres têm tendência a desempenhar o papel do contribuinte de mais, e os homens o do contribuinte de menos.

Esses fatos indiscutíveis da nossa atual condição cultural fazem com que o espírito 80/80 de contribuição e generosidade radical talvez exija ajustes em alguns casais. E aí entra o empurrãozinho do 80/90. Caso você seja como a maioria dos casais, é provável que ainda haja necessidade de ajustes para reduzir a herança maldita da desigualdade, deixada por alguns milhares de anos de parcerias desequilibradas. Daí o empurrãozinho do 80/90: a pessoa que contribui menos leva ainda mais longe o próprio limite, para algo próximo dos 90%.

Não é que esse empurrãozinho vá livrar a barra de quem contribui demais (geralmente, a mulher). Essa pessoa continuará lutando para ir além dos 50% e implantar a mentalidade da generosidade radical. Mas seria também um lembrete não tão sutil para que o companheiro que contribui menos busque uma meta ainda maior — para que tente se aproximar da generosidade radical e comece a reduzir o abismo.

Quer esteja buscando o mindset 80/80 ou 80/90, o passo seguinte é transformar esses atos radicalmente generosos de contribuição em hábitos diários — levar esse espírito 80/80 até mesmo aos aspectos mais comezinhos da vida cotidiana.

Eis como realizar isso.

---

**UMA CONTRIBUIÇÃO RADICALMENTE GENEROSA POR DIA**

Neste capítulo, estamos basicamente aconselhando você a levar a generosidade mais longe do que nunca. Pode ser uma aspiração incomum. Mas é também uma aspiração que transforma nossa vida. Então, como transformar seu jeito de praticar atos comuns de contribuição para encarnar essa mentalidade 80/80 radical?

**TODOS OS DIAS, PRATIQUE UM ATO RADICALMENTE GENEROSO DE CONTRIBUIÇÃO PARA SEU COMPANHEIRO**

Isso não significa comprar uma esteira de corrida ou um pacote turístico de uma semana em Aruba. Estamos falando de pequenos atos de gentileza que têm o poder de alterar toda a atmosfera de um casamento.

- Cuidar das crianças de manhã cedo para que seu companheiro possa dormir até mais tarde.
- Reorganizar a geladeira.
- Planejar uma noite romântica.
- Deixar um bilhetinho de amor debaixo do travesseiro.
- Fazer uma massagem de cinco minutos na nuca.
- Liberar o parceiro para um encontro com um velho amigo.
- Propor um brinde, na hora do jantar, por tudo de bom que a outra pessoa faz em casa ou no trabalho.

**Dica: Torne sua contribuição relevante**

Não se esqueça da regra de ouro em relação ao mapa da generosidade radical: escolha algo que combine com a linguagem de contribuição do seu parceiro.

**Quer uma prática mais avançada?**

### AO PRATICAR UM ATO GENEROSO, NÃO EXIJA CRÉDITO

Em cada um de nós sempre tem um pedacinho que busca aprovação, atenção e crédito por todos os feitos incríveis que realizamos. A prática da generosidade radical avançada consiste em agir por generosidade e ao mesmo tempo não se deixar levar por essa busca instintiva de reconhecimento. Em vez de sofrer com isso, descubra o que acontece quando praticamos um ato generoso sem que o outro sequer perceba ou agradeça. Eis alguns exemplos:

- Arrume a geladeira (na ausência do companheiro e sem anunciar seu ato generoso na volta).

- Planeje uma noite romântica (e não fique contando como foi complicado planejar ou como isso tomou seu tempo).
- Encha o tanque do carro (sem avisar que encheu).
- Deu para entender, não é?

Como vimos, são atos simples que irão ajudá-lo a se sentir mais alegre, menos ressentido e mais conectado, enquanto a mesma coisa acontecerá com a outra pessoa. É assim que se entra num círculo virtuoso de generosidade. É o primeiro passo para passar do mundo conflituoso do 50/50 para o mundo mais vibrante do 80/80.

# 6. Reconhecimento: O que você vê

São oito e meia de uma noite de quinta-feira. Amy está voltando para casa depois de uma rara noitada com as amigas em um restaurante do bairro. Ela entra e depara com um cenário de absoluta anarquia doméstica. O marido e os dois filhos transformaram o sofá em uma imensa cabaninha de lençóis. A pia está atulhada de caixas gordurentas de pizza e pratos sujos. Espalhadas pelo chão, fantasias de pirata e vestidos de princesa.

Depois de quase tropeçar em um ônibus escolar de brinquedo no corredor, Amy é tomada por uma onda de raiva. Toda aquela loucura é mais um lembrete da incapacidade do marido, Mike, de arrumar tudo depois, e de seu padrão de comportamento irresponsável. E, sendo franca consigo mesma, as chamas de ressentimento também têm um toque de ciúme. Ela pensa: *Por que é sempre ele que é o divertido da casa? Por que eu não posso ter uma noite assim: fazer bagunça com as crianças e depois alguém arrumar tudo para mim?*

E é por isso que, após organizar a bagunça e com as crianças já na cama, bem tarde, ela despeja em cima de Mike: "Fico três horas fora e você vira a casa de pernas para o ar! Não é justo".

São dez e meia da manhã do domingo seguinte, do outro lado da cidade. Eleanor está voltando de uma aula de ioga com uma amiga. Ela entra em casa e dá de cara com uma cena parecida de bagunça doméstica: a cabaninha de lençol, os pratos sujos, as fantasias espalhadas pelo chão. Claramente, o marido, Steve, e os filhos se divertiram aos montes, ao mesmo tempo que deram algum jeito de transformar a casa inteira num caos absoluto.

Assim como Amy, uma parte de Eleanor sentiu uma súbita onda de raiva. Mas outra parte dela passou por uma sensação bem diferente. Ela sentiu gratidão. Gratidão por ter um marido disposto a cuidar das crianças enquanto ela fazia ioga numa manhã de domingo. Gratidão porque, por mais que tivessem detonado a casa, claramente se divertiram.

Por isso, segundos depois de entrar pela porta, Eleanor disse: "Oh, meu Deus. Pelo visto vocês se esbaldaram! Que tal se a gente brincar de limpar a casa agora, para poder ir ao parque de tarde?". Naquela mesma noite, deitada com o marido na cama, ela elogiou: "Adoro o jeito como você traz diversão e aventura para a vida das crianças". E completou: "Seria tão bom se da próxima vez vocês arrumassem tudo antes de eu voltar".

Amy e Eleanor encontraram a mesma cena caótica ao chegar em casa. No entanto, tiveram reações totalmente diferentes. Amy encarou aquela cena com os óculos 50/50 do igualitarismo. Para ela, a bagunça serviu como mais um lembrete da incapacidade do marido de cuidar de si mesmo, que dirá dos dois filhos. Eleanor viu a mesma cena pelas lentes 80/80 da generosidade radical. Para ela, a bagunça foi um lembrete do talento do marido para estimular o espírito de diversão e curiosidade nos filhos.

Por que, então, Amy vê problemas onde Eleanor vê motivo para reconhecimento? Tudo é uma questão de mindset. São duas mulheres que veem o casamento através de lentes radicalmente diferentes — lentes que moldam a interpretação de tudo o que os respectivos maridos dizem, fazem ou, mais importante, deixam de fazer.

É nisso que consiste o poder da mentalidade. Pode parecer uma miudeza, mas aquilo que você decide enxergar no casamento é o que dá o tom da experiência de vida em comum. A mentalidade tem o poder de tornar cada minuto que passamos acordados um fluxo sem fim de motivos para sentir raiva, ressentimento ou decepção. Mas ela também tem o poder de transformar cada momento em uma oportunidade de enxergar os pontos fortes, as ideias e as contribuições que só o seu parceiro pode dar.

Esse é o segundo elemento da mentalidade de generosidade radical: aquilo que você vê. É o que acontece quando vamos além do jeito comum de ver nosso companheiro, quando tentamos enxergá-lo sob a ótica da generosidade radical. É a prática do reconhecimento.

## A CIÊNCIA DO RECONHECIMENTO NO CASAMENTO

Por que há tanto poder em transformar nosso modo de ver? John Gottman, o maior pesquisador do planeta sobre a ciência do casamento, passou décadas investigando essa questão. Na verdade, ele transformou a arte aparentemente intangível do amor e da generosidade em uma ciência fria e exata, usando aquilo que sua equipe batizou de Love Lab ("laboratório do amor").

O Love Lab de Gottman transforma casais comuns em

cobaias conjugais. Eles registram casais lavando a roupa suja sobre temas como dinheiro, sexo ou tarefas domésticas conectados o tempo todo a sensores e eletrodos.[1] Pode parecer uma espécie de reality show psicótico, mas isso ajudou a lançar luz sobre uma pergunta que há muitos anos causa perplexidade em quem tem o casamento como objeto de pesquisa: por que alguns casais prosperam enquanto outros sofrem para continuar juntos? Ou, para usar a terminologia de Gottman, por que alguns casais são *mestres* e outros são *desastres*?[2]

A resposta, obtida com base em trinta anos de análises minuciosas, se resume àquilo que testemunhamos com Amy e Eleanor: os casais felizes veem as coisas de outro jeito. Segundo Gottman, "os mestres têm o hábito mental de escanear o ambiente social à procura de coisas que mereçam reconhecimento e agradecimento. Constroem uma cultura de respeito e reconhecimento de maneira intencional".[3] Casais felizes, em outras palavras, veem o mundo do casamento com os óculos do reconhecimento.

Gottman chegou a transformar essa habilidade conjugal em uma fórmula simples: 5 para 1. Casamentos que prosperam vivenciam cinco interações positivas para cada interação negativa. Ou seja, para cada crítica, ofensa ou queixa, esses casais expressam cinco elogios, reconhecimentos, beijos ou toques carinhosos. Alguns casais levam isso ainda mais longe. São como atletas olímpicos conjugais, interagindo a uma taxa próxima de vinte interações positivas para uma interação negativa.[4]

Casais infelizes, em compensação, veem o companheiro de outra maneira. Não estão procurando coisas que mereçam reconhecimento mútuo. Esquadrinham cada instante para flagrar o parceiro pisando na bola. E quando isso acontece — quando o parceiro chega em casa muito tarde, esquece de comprar leite no caminho ou faz as coisas pela metade — estão prontos para detoná-los com críticas, comportamento passivo-agressivo ou ridicularização.

É por isso que Gottman afirma ter a fantástica capacidade de prever com 90% de precisão se um casal vai se divorciar.[5] Não importa o motivo da briga. Não importa a frequência do sexo. Não importa se é um casal pobre ou rico. O que importa é esse clima invisível da interação. Quando o casal reage a um conflito redirecionando a atenção para o amor e o reconhecimento, vai superar. Quando fica preso em um ciclo de críticas, distanciamento e indiferença, está fadado ao divórcio ou a uma vida de infelicidade crônica.

A AMEAÇA PRÉ-HISTÓRICA
AO RECONHECIMENTO

Por quê, então, nem todos conseguem fazer essa mudança no casamento e passar para os óculos do reconhecimento? Por que na esmagadora maioria dos casais um vê os movimentos do outro com uma lente tão negativa? Por que damos a impressão de partir sempre da crítica e da mania de julgar, e não da gratidão e do reconhecimento?

O problema não é que somos involuntariamente imaturos, caprichosos ou ingratos. O problema é que fomos programados para ser assim.

Nos últimos trinta anos, neurocientistas e psicólogos evolutivos chegaram à conclusão de que o ser humano não foi programado para enxergar a vida pelas lentes positivas do reconhecimento, e sim para se fixar no que é negativo — para vivenciar o mundo sob uma perspectiva bem mais pessimista, de vigilância e ansiedade. É uma idiossincrasia da mente que os pesquisadores chamam de "viés de negatividade".[6]

A razão dessa característica adaptativa é relativamente simples. Na era primitiva, quando caçávamos o alimento na savana com rochas afiadas e machadinhas de pedra, viver em estado de ansiedade constante era bem mais vantajoso que uma existência no êxtase da gratidão e do reconhecimento.

Claro que talvez fosse legal agradecer ao companheiro por ter feito aquela nova manta de pele de animal para aquecer você no inverno. Mas ficar em alerta, em estado de ansiedade, analisando o entorno em busca de ameaças em potencial, era o que salvava a sua vida. Era o mindset que o ajudava a ficar alerta para o tigre-dentes-de-sabre espreitando por trás da moita, para a cobra venenosa se esgueirando caverna adentro ou para a seca iminente que ameaçava dizimar sua aldeia inteira.

Costumamos reclamar sobre muita coisa hoje em dia: a pressão do tempo, a obrigação de trabalhar a qualquer hora, ter que testemunhar a felicidade de todo mundo nas redes sociais. Mas nós temos o privilégio inédito de nos inquietar apenas com coisas que não apresentam quase nenhum risco à nossa sobrevivência básica; coisas como a pessoa que não sabe organizar a louça na máquina ou a que fica de mau humor depois de ver um programa que não gosta na TV à noite.

Esse é o paradoxo do ser humano na era moderna. Nossa cultura, nossa tecnologia e até mesmo a própria instituição do matrimônio mudaram na velocidade da luz nos últimos 6 mil anos. Nosso cérebro, porém, ficou praticamente inalterado. Ainda está programado para os tempos pré-históricos.

É isso que torna tão difícil adotar o mindset de reconhecimento. Estamos lutando contra a nossa própria neurobiologia. Temos que encarar o tempo todo o fato de que a nossa configuração básica é ver as confusões da vida como uma ameaça, da mesma forma que Amy fez no início do capítulo. E embora ninguém nunca tenha morrido com o desmoronamento de uma cabaninha de lençóis, nosso corpo reage a esse tipo de ameaça doméstica com o mesmo jorro de hormônios do estresse — o que é ruim não só para o casamento. É também uma das causas de condições de saúde relacionadas ao estresse como diabetes, ansiedade, depressão e degeneração cognitiva.[7]

Por mais que tenhamos ciência dos benefícios do reconhecimento, por mais que estejamos convencidos de que a taxa de 5 para 1 de Gottman é o caminho para uma vida conjugal melhor, a psicologia evolutiva ajuda a explicar por que nossa biologia está o tempo todo nos puxando no sentido contrário.

Essa é a má notícia.

A boa notícia é que esses fatos a respeito do modo como fomos programados também nos ajudam a mostrar a saída. Eles nos dão pistas de como criar um jeito novo de ver o mundo do casamento com o mindset do reconhecimento.

## COMO VER O RECONHECIMENTO

Como estamos lutando contra nossa própria biologia, não basta expressar reconhecimento quando a inspiração aparece. Não dá para ficar esperando acontecer. É preciso fazer acontecer. Resumindo, o jeito de reverter nosso impulso biológico é aprimorando nossa capacidade de reconhecer, da mesma forma como desenvolvemos qualquer outro hábito, como passar fio dental, fazer trabalho voluntário no abrigo do bairro ou ir à aula de pilates às seis da manhã três vezes por semana.

É o mesmo jeito de abordar a contribuição. O objetivo é transformar essa nova maneira de ver o casamento em um hábito regular, algo que acontece de forma quase automática. Quando conseguimos, notamos que esses dois hábitos acabam agindo em sintonia, quase como uma "chamada e resposta", técnica usada desde os tempos imemoriais na música pop ou clássica, no blues ou no jazz. Pense, por exemplo, na canção "With a Little Help from My Friends", dos Beatles. Quando eles cantam *"Do you need anybody?"*, temos a chamada. Quando Ringo Starr canta *"I just need someone to love"*, temos a resposta.

A mesma coisa acontece com casais felizes. Quando um dos dois faz um elogio na hora do jantar, deixa um cartão na mesa de cabeceira ou manda uma mensagem de texto carinhosa, temos a chamada. É um desses momentos mágicos de contribuição radicalmente generosa. É um ato motivado pelo desejo de dar, mas que também pede alguma espécie de resposta.

Essa resposta é o reconhecimento. É assim que se faz música no casamento. Quando um parceiro arruma a cama, toma conta do filho com febre ou faz um sacrifício pelo outro, o reconhecimento está prestando atenção e constatando essas contribuições. Está dizendo ao parceiro: "Estou vendo você. Vejo sua generosidade. Vejo o quanto está se esforçando. E quando você se importa eu dou valor".

Um casamento sem reconhecimento é como uma chamada sem resposta. Nas palavras de um marido: "Quando o verão estava chegando e os acampamentos ficando sem vagas, passei duas semanas entrando nos sites e fazendo reservas para nossos dois filhos para o verão inteiro. E ainda estou esperando um 'obrigado'. É uma coisa pequena, mas para mim faz diferença". Esse é o som de uma chamada sem resposta, o som da contribuição que não foi vista nem reconhecida. Por isso, contribuição e reconhecimento têm que andar de mãos dadas. Quando ambos se tornam rituais diários em casa, alimentam um ao outro. Criam uma nova atmosfera de conexão, uma mentalidade 80/80 nova e radicalmente generosa.

## O DESAFIO E O PODER DE VIVER COM UMA NOVA MENTALIDADE DE RECONHECIMENTO

À medida que você começa a implantar o hábito de ver a vida pelas lentes do reconhecimento, pode topar com um desafio comum: esquecer de praticá-lo. Surgem problemas, seu filho vomita no banco de trás do carro, a babá desmarca na véspera do feriado escolar porque resolveu viajar de última hora ou você descobre uma nova espécie de fungo morando no porão de casa. Quando esse tipo de coisa acontece, não tardamos a esquecer tudo sobre generosidade e reconhecimento.

Para superar esse problema, convém recorrer à ciência da formação de hábitos, estabelecendo uma deixa constante — um lembrete que o ajude a não se esquecer de expressar reconhecimento. Um casal com quem conversamos, por exemplo, adotou o jantar como deixa. Os dois iniciam a refeição com uma expressão mútua de reconhecimento. Para outros casais, o momento ideal é logo antes de dormir, deitados na cama recapitulando como foi o dia. É uma deixa que dá certo como um alarme do cotidiano (veremos mais sobre isso no capítulo 15). Um lembrete para não esquecer a mentalidade de reconhecimento.

Por que se esforçar para implantar esse hábito novo? Muitos casais nos disseram que a recompensa faz valer o esforço. Veja o caso de Saurab e Anjani. Nos primórdios do casamento, Saurab comentou: "Eu costumava dizer que, em um casamento forte e profundo, nunca é necessário agradecer. Mas, para ser sincero comigo mesmo, hoje em dia acho que, quando se faz um sacrifício para realizar alguma coisa, um 'obrigado' significa muito. Eu tenho um ego e, como todo ser humano, expressar reconhecimento valida o que fiz — seja um encontro, um momento ou alguma coisa que eu disse. Significa alguma coisa. Importa".

A esposa, Anjani, concorda. Nas palavras dela: "Saber que alguém me vê e vê o quanto estou dando duro é tão importante! Recarrega minhas energias. Vivemos presos com todo tipo de afazeres, mas quando ele me vê e demonstra reconhecimento, sinto que estamos de mãos dadas de novo".

Na verdade, quanto mais conversamos com os casais, mais percebemos um padrão. O reconhecimento e a crítica atuam como depósitos e saques em uma conta bancária. Agradecer ao parceiro por ter planejado uma viagem é como um depósito na conta emocional. Expressar reconhecimento ao parceiro na frente da família por ter preparado uma refeição deliciosa é mais dinheiro entrando.

Dizer ao parceiro que ele faz um barulho incômodo quando mastiga é como um pequeno saque. Sugerir que o parceiro aumente a frequência na academia para perder aquela barriguinha — outro saque. Ofender a inteligência do parceiro na frente dos amigos durante o jantar — é o tipo de saque que deixa o saldo da sua conta quase zerado.

A questão é que o reconhecimento e a crítica agem para fortalecer ou para destruir o valor líquido do relacionamento. Quando você adota um mindset de crítica, indiferença e desprezo, os números dizem que provavelmente seu relacionamento irá à falência. Mas não importa se financeiramente você é rico ou pobre: se você conseguir implantar o hábito de ver o casamento com as lentes do reconhecimento, seu relacionamento enriquecerá. E, com o passar do tempo, o saldo da sua conta vai aumentar tanto que, quando chegarem os momentos difíceis — como sempre chegam —, o patrimônio do relacionamento servirá como um colchão para amortecer o impacto. Esse é o poder do reconhecimento.

Por isso, da mesma forma que no capítulo anterior mostramos como criar o hábito fazendo uma contribuição generosa por dia, agora você vai começar a criar o hábito da resposta, fazendo um reconhecimento por dia.

---

### UM RECONHECIMENTO POR DIA

**PRÁTICA 80/80**

Para que o reconhecimento deixe de ser apenas uma ideia e se torne um mindset para todas as horas, experimente a seguinte prática:

**EXPRESSE RECONHECIMENTO A SEU COMPANHEIRO UMA VEZ POR DIA POR UMA CONTRIBUIÇÃO COMUM**

Seu parceiro não precisa ganhar o prêmio Nobel para merecer seu reconhecimento. Elogie-o por coisas banais, chatas ou invisíveis:

- Levar os filhos à escola.
- Fazer café.
- Limpar a pia.
- Planejar a próxima viagem.
- Organizar com antecedência uma noite romântica.
- Ligar para os amigos para marcar um jantar.

**Dica: Faça de um jeito diferente**
Não precisa ser nada forçado, roteirizado ou formal. Vale ser engraçado, inesperado ou bizarro: expresse reconhecimento de maneira autêntica. Com algumas pessoas, pode ser apenas um "Obrigado por ter trazido o café". Para outros, "Trazendo esse café, você me faz sentir o quanto se importa comigo". Para outros ainda, "Você é o cara! Café na cama às seis e meia. Amo!". O conteúdo pode variar, mas a forma é a mesma. É um reconhecimento simples pela contribuição do seu companheiro.

**Quer uma prática mais avançada?**
Preste atenção nos momentos em que sente que seu companheiro não demonstra reconhecimento. Preste atenção nas horas em que você deu duro para planejar alguma coisa, organizar um evento ou arrumar a garagem de casa e a outra pessoa nem percebeu (pelo menos na sua opinião). Quando isso acontecer, eis o que você pode fazer:

**PEÇA RECONHECIMENTO**

Sei que você deve estar pensando: "Enlouqueceu? Isso cabe a ele. Não posso pedir reconhecimento". Mas até os companheiros mais ligados deixam coisas passar, e os mais avoados precisam de alguém que os recorde da prática do reconhecimento. Quando a questão é o reconhecimento, como tudo que envolve um relacionamento, não há problema em pedir o que se deseja. Não é preciso fazer disso um problema. Pode ser simplesmente dizer: "Trabalhei tanto para organizar essa viagem e me dei conta de que gostaria que você reconhecesse" ou "Sei que cada um está fazendo a sua parte, mas hoje passei um tempão arrumando a cozinha e adoraria um elogio ou um obrigado".

# 7. Revelação: O que você diz

Quando a questão era o casamento, Mark e Jill estavam longe de ser um casal ingênuo e desinformado. Eles são especialistas em casamento. Mark passou vinte anos trabalhando como pastor encarregado de questões familiares em uma grande igreja. Com Jill, criou um bem-sucedido ministério matrimonial: ofereciam ajuda a todo tipo de casal, dos recém-casados àqueles à beira do divórcio, conversando sobre o que chamavam de "bê-a-bá de um casamento saudável".

E eles não só ensinavam e pregavam. Era algo que os dois vivenciavam. Nas palavras de Jill: "Também fazíamos as coisas certas fora do trabalho. Saíamos à noite para namorar. Marcávamos viagens a dois. Conhecíamos os gestos amorosos um do outro e cultivávamos isso tudo com regularidade".

Podemos então imaginar o pânico e a incredulidade quando, certa noite, Jill encontrou Mark adormecido na cama, com o celular na mão, e mensagens de texto na tela confirmando o maior de seus medos: ele tinha um caso.

Naquele instante, a vida de Mark e Jill mudou para sempre. Semanas depois, Mark saiu de casa para ficar com a mulher que estava do outro lado daquelas mensagens de texto. Jill passou vários meses em extremo sofrimento.

No fim eles decidiram se acertar, um esforço que exigiu anos de profunda reflexão e sessões intensas de terapia de casal. Mesmo assim, nessa busca por respostas não pareciam encontrar uma explicação clara para o caso extraconjugal de Mark. Ao contrário de outras histórias de infidelidade, não havia uma razão clara — nenhuma transformação radical na vida, demissão no trabalho, morte trágica ou diagnóstico de problema grave de saúde. Parecia algo que simplesmente acontecera.

Depois de dois anos investigando em detalhes as razões emocionais invisíveis que teriam levado ao caso extraconjugal de Mark, nenhum dos dois encontrou uma causa única. Acharam, na verdade, centenas, senão milhares, de pequenos momentos de desconexão que, com o tempo, viraram metástases de uma espécie de câncer conjugal. Como Jill comentou, "Olhando para trás, não foi nada grande que fez a diferença. Foram as coisas pequenas. Coisas que vão borbulhando por baixo da superfície. Coisas que passam despercebidas. Ignoradas. Imperceptíveis. Intocadas".[1]

Após esses anos de busca, eles concluíram que, se houve um motivo para o caso, foram aqueles probleminhas que, com o tempo, ficaram gigantescos. Nas palavras de Mike: "De todo esse conflito, tiramos um princípio que chamamos de 'erosão lenta'. Começamos a ver que essas erosões lentas iam acontecendo, corroendo as bases do nosso casamento". "Erosão lenta" é o termo que Mark e Jill encontraram para as pequenas rupturas na conexão que vão se acumulando com o passar dos anos, e até das décadas. Essa ideia os levou a transformar o próprio casamento, livrando-se dessas pequenas erosões lentas. Eles resolveram contar sua história ao mundo no livro *No More Perfect Marriages* [Casamentos perfeitos nunca mais].[2]

O que aprendemos com Mark e Jill é que, analisadas isoladamente, nenhuma dessas pequenas rupturas na conexão é tão relevante. Cada discordância, decepção ou problema tem efeito quase nulo na saúde do casamento. Mas, quando milhares dessas questões se acumulam ao longo do tempo, o impacto pode ser catastrófico. Como afirmou Jill, "Quando nosso coração vai se afastando um milímetro de cada vez, você não se dá conta desse milímetro. Mas, quando um milímetro é acompanhado de outro, e outro, e mais outro, eles vão virando centímetros, depois metros e por fim quilômetros de distância".

## O IMPULSO DA GENEROSIDADE RADICAL NO CASAMENTO

Mark e Jill nos recordam que não existe perfeição no casamento. Pode parecer óbvio, mas é fácil de esquecer. Quando você dá uma olhada nas redes sociais, fica difícil lembrar disso. Ao contrário, a impressão que se tem, em geral, é a inversa — todo mundo vive uma espécie de utopia conjugal, com fotos sorridentes no jantar de aniversário, férias espetaculares e noites românticas de surpresa no meio da semana.

O mesmo vale para a vida real. Quando aquele casal bonito, sarado e bem-sucedido entra no restaurante, você só vê a aparência do êxtase conjugal. Não dá para ver a briga que aconteceu dez minutos antes, no táxi, a caminho do restaurante. Não vê os anos que passaram em terapia de casal, tentando desesperadamente evitar o divórcio. Você só vê os sorrisos, o brilho e a fachada de felicidade absoluta.

O modelo de casamento 80/80 pode cair nessa mesma armadilha. A generosidade radical pode começar a assumir um ar de paraíso conjugal, uma terra da fantasia onde todo mundo contribui com 80% e inunda o companheiro de elogios e reconhecimento. Na verdade, esse mundo nunca existiu e provavelmente nunca existirá. Até mesmo os casais que respiram o tempo todo a mentalidade 80/80 têm seus dias ruins. Gritam um com o outro. Ainda se irritam quando o outro deixa de agradecer. Ainda são pegos na armadilha do controle e submissão do 80/20 e do igualitarismo do 50/50.

Quando isso acontece, nem sempre dá certo simplesmente aumentar a própria contribuição ou o reconhecimento para recuperar a conexão. Às vezes é preciso mesmo dizer que a coisa não está dando certo. Às vezes, o único jeito de voltar aos trilhos é avisar o parceiro quando se está magoado, chateado ou frustrado. Nas palavras de uma esposa: "Quando a situação chega a um ponto de desequilíbrio, em que fica faltando alguma coisa, o simples fato de comunicar a frustração já ajuda".

Esse movimento é a parte final da mentalidade da generosidade radical. É o que você diz quando a deixa da chamada e resposta — a contribuição e o reconhecimento — começa a soar como um karaokê noturno no barzinho do bairro. É a prática da revelação. É o jeito de ser radicalmente generoso, revelando até os mais insignificantes medos, mágoas e decepções.

Assim como a contribuição e o reconhecimento, é uma prática que consiste em buscar expandir seu limite. Só que nesse caso você vai expandir um limite emocional. Vai sair da sua zona de conforto ao compartilhar com o parceiro todo o espectro dos seus sentimentos, para o bem e para o mal.

A revelação nem sempre é fácil. Mas é uma ferramenta poderosa para eliminar atritos desnecessários que comprometem o casamento. É o "Desculpa, amor, não falei por mal", um pedido de desculpas de dez segundos depois de um comentário desagradável. É revelar: "Para mim é importante que você chegue do trabalho a tempo de jantar com a família". É dizer: "Sei que pode parecer maluquice minha, mas será que você poderia parar de largar copos vazios em cima da pia do banheiro?".

Casais que prosperam encontram uma forma de expressar logo esse tipo de drama conjugal do cotidiano, voltando à sintonia em pouco tempo. Casais com problemas, muitas vezes, fazem o oposto. Deixam aquilo que Gay e Katie Hendricks chamam de "verdades microscópicas" do casamento passarem sem serem ditas por semanas, meses, anos ou até décadas.[3] E, como vimos, essa incapacidade de passar a limpo as questões que surgem no cotidiano leva, em geral, a um processo lento de afastamento gradual.

É claro que a comunicação sempre foi importante no casamento. Porém, como nos disse o sociólogo e pesquisador do casamento Daniel L. Carlson, com a passagem do modelo tradicional 80/20 para o igualitarismo no casamento, ela se tornou mais importante do que nunca. Como ele comentou: "Em relações igualitárias, não existe um mapa do caminho. Por isso, é preciso conversar. Se você não estiver constantemente comunicando, organizando e ajeitando as coisas, o outro pode se esquecer de fazer algo, e você começa a ter a impressão de que a situação está injusta, por não existir essa conversa".

Na verdade, as pesquisas mais recentes de Carlson mostram que a comunicação é a chave para um casamento justo, com responsabilidade compartilhada. Para os homens, em especial, uma comunicação forte leva a uma disposição maior para dividir o trabalho doméstico, o que, por sua vez, leva a uma maior satisfação conjugal e, o que é melhor, a maior frequência no sexo.[4]

## OS BURAQUINHOS E BURACÕES DO CASAMENTO

A prática da revelação tem uma característica em comum com o sexo: ambos envolvem o intercâmbio de uma energia emocional explosiva. Quando bem-feitas, as duas atividades podem descortinar uma imensa quantidade de amor e conexão. Quando malfeitas, podem destruir um relacionamento, deixando um rastro de amargura, mágoas e ressentimento.

No que diz respeito à revelação, essa explosividade surge do fato de estarmos expressando algumas das emoções mais sensíveis da vida conjugal: decepção, raiva e tristeza. Por isso, quando alguma coisa dá errado nesse intercâmbio, o risco é grande. A coisa pode facilmente entrar numa espiral de descontrole, piorando o problema original em vez de melhorá-lo.

Por isso, antes de revelar algo, é preciso perguntar: qual o tamanho do problema? Estamos lidando só com uma chuvinha emocional ou um furacão categoria 5? Precisamos fazer essa pergunta porque a resposta ajuda a determinar o melhor caminho a seguir ao revelar o que estamos passando. Como veremos, alguns problemas são fáceis de resolver, bastando uma revelação e um pedido. Outros geram tanto drama que é quase impossível resolvê-los por conta própria. Em outras palavras, certos problemas são buraquinhos na estrada do casamento; outros são buracões.

## BURAQUINHOS

Os buraquinhos são fontes menores de atrito nos relacionamentos; são incômodos, mas toleráveis. É o que Mark e Jill chamaram de "erosão lenta". Não são aquelas brigas feias sobre filosofia parental, sexo, dinheiro ou a sensação de estar sendo controlado. São rusgas menores, porém mais frequentes, a respeito de questões banais, como sentir que não está sendo reconhecido por ter organizado as férias, discutir porque não sabem quais amigos visitarão no fim de semana ou dizer que tudo bem em vez de pedir o que você realmente quer.

Esse tipo de buraquinho no relacionamento pode ser chato, mas em geral é desfeito com uma conversa franca. Resolver uma discordância sobre o melhor jardim de infância para o filho: eis um problema que tem solução, que desaparece assim que começam as aulas. Brigar para decidir quem tem que passar o rodo no chão da cozinha: também tem solução. Acaba assim que você expressa sua frustração e cria um calendário de quem vai limpar, ou quando contrata uma empresa de limpeza para ir semana sim, semana não.

Mesmo quando não dá para tapar esses buraquinhos, quando são os mesmos que acontecem repetidamente, pelo menos eles são administráveis. Se você comunica com clareza a sensação de desconexão quando o parceiro fica trabalhando até tarde depois que as crianças dormiram, esse é um problema que dá para administrar. Se consegue dizer que perdeu a vontade de fazer sexo porque o parceiro parece quase sempre dizer "não", é outro problema que dá para administrar (veremos mais a respeito de sexo no capítulo 13).

A ideia importante aqui é que a maioria das questões

cotidianas que nos afastam um do outro ou são solucionáveis ou administráveis, se — e é um *SE* com letra maiúscula — estivermos dispostos a nos comunicar claramente a respeito dessas questões à medida que elas afloram.

Quando se trata de buraquinhos, existe uma ferramenta que você pode usar para expressar o que está sentindo e para recuperar a conexão com seu parceiro. Chamamos essa prática de Revelar e Pedir.

---

### REVELAR E PEDIR

*PRÁTICA 80/80*

Quando surgir um problema no casamento, recomendamos uma ferramenta simples e eficaz para a resolução de conflitos, chamada Revelar e Pedir. Eis como funciona.

**1º passo: Perceba quando você e o parceiro estão em descompasso**

Isso está acontecendo quando:

- Você sente ressentimento para com o parceiro.
- Você acha que as coisas andam desequilibradas.
- Você não consegue superar injustiças passadas cometidas pelo parceiro.
- Você acaba brigando com o parceiro por coisas sem sentido.
- Você põe no outro a culpa por algo que está fora do seu controle (como a chuva durante as férias).

O simples fato de perceber o descompasso é algo monumental. Só assim é possível decidir o que fazer na sequência — fingir que o problema não existe (o que não é recomendável) ou revelá-lo para recuperar a conexão (uma decisão muito melhor).

## 2º passo: Revele o problema

Isso pode ser feito com um Revelar e Pedir.

### Revelar

Compartilhe sua experiência emocional interior. Exemplos:

- "Fiquei triste quando..."
- "Fiquei com raiva quando..."
- "Fiquei magoado quando..."
- "Senti falta de reconhecimento quando..."

É só uma questão de revelar a experiência interior que está impedindo você de sentir conexão.

### Pedir

Diga à outra pessoa que é possível recuperar a conexão com você:

- "O que estou pedindo é que você chegue na hora certa semana que vem."
- "É importante para mim que da próxima vez você cumpra o que disse que ia resolver."
- "Por favor, não me chame mais assim."

### Revelar e Pedir

Quando você combina essas duas ações, obtém algo mais ou menos assim:

- "Fiquei triste porque você nunca me agradeceu pelo trabalho que eu tive fazendo o imposto de renda [revelar]. Da próxima vez que eu terminar uma tarefa grande por nós, é importante para mim que você agradeça [pedir]."
- "Eu sei que você estava brincando, mas me magoou muito quando me chamou de idiota na hora do jantar outro dia [revelar]. Você pode, por favor, não falar comigo assim [pedir]?"

> **Dica 1: Como alavancar o poder da revelação numa caminhada**
> "As conversas mais relevantes e que abrem a mente", disse-nos uma das nossas entrevistadas, "acontecem nas caminhadas que fazemos juntos". Christine Webb, pesquisadora de biologia evolutiva em Harvard, ajuda a explicar por quê. Seus estudos sobre resolução de conflitos demonstram que caminhar durante uma discussão tensa reduz o estresse, além de criar uma relação positiva, aumentar a empatia e a criatividade.[5] Por isso, pode ser mais fácil revelar essas questões durante uma caminhada.
>
> **Dica 2: Revele o problema com um espírito de generosidade radical**
> A motivação por trás do seu Revelar e Pedir serão determinantes para a forma como seu companheiro vai encarar a situação. Raiva gera raiva. Ressentimento gera ressentimento. E generosidade radical gera o mesmo, ou seja, amor, conexão e gentileza. É por isso que a chave para um Revelar e Pedir eficaz é praticar essa ferramenta de uma perspectiva de generosidade radical.

O que acontece depois do Revelar e Pedir? A bola passa a estar com a outra pessoa, e só existem duas maneiras de reagir: uma que tapa o buraco e outra que o faz aumentar como uma britadeira.

A primeira reação é impelida pela generosidade radical. É o reconhecimento do que o seu companheiro sentiu. É afirmar alguma coisa como: "Puxa, entendo perfeitamente como isso deixou você chateado". Quando se trata de um pedido da outra pessoa, seu papel, como ouvinte, é reagir com uma resposta gentil e franca, do tipo: "Da próxima vez eu posso, sim, fazer melhor" ou, em certos casos, "Bem que eu gostaria de ajudar, mas não posso prometer".

117

A segunda reação, mais problemática, é dominada por medo, raiva ou frustração. Soa mais como: "Está brincando? Se tem alguém que deveria estar furioso agora sou eu". Ter esse tipo de reação é uma péssima ideia, por vários motivos: primeiro, não é uma afirmativa. É um ataque. Além disso, você indica ao parceiro que não convém ser emocionalmente vulnerável com você, que é melhor reprimir o que ele sente de verdade.

### BURACÕES

Contrastando com as fontes de pequeno atrito que chamamos de buraquinhos, pode ser que você também encontre no casamento problemas maiores, menos fáceis de resolver — os buracões. Estamos falando de problemas que, com o passar do tempo, se tornaram tão explosivos que podem desencadear um surto imediato de raiva, irritação e medo, com o coquetel de hormônios do estresse que vem junto. Passar por um buracão no casamento é o mesmo que passar por cima de um buracão na estrada: é raro acabar bem, e quanto mais tentamos sair dele mais as coisas parecem piorar.

Enquanto os buraquinhos são tapáveis, ou pelo menos contornáveis, por meio da conversa e da revelação, os buracões são tão enraizados e complexos que muitas vezes não é possível se livrar deles por conta própria. Também vale a pena lembrar que até os buraquinhos mais inofensivos podem se transformar em buracões enormes se os ignoramos por longos períodos.

A fronteira entre esses dois tipos de problema pode ser indefinida. Alguns problemas estão entre um extremo e outro, desencadeando uma raiva intensa, porém sem atingir o nível de um buracão. São problemas que não chegam a representar uma ameaça existencial ao relacionamento, e os casais que os vivenciam dispõem das ferramentas para resolvê-los com conversa.

Também é importante notar que alguns casais têm sorte. A maioria dos conflitos que enfrentam é de buraquinhos administráveis. Nunca precisaram lidar com uma questão que tivesse potencial para abalar a estrutura do casamento.

Quando os buracões surgem, eles podem se manifestar de diversas formas.

Há o caso do parceiro que se sente perdido e sem um propósito claro. Não para de dizer "sim" para tudo — para os filhos, para as decisões importantes da vida e para uma carreira que leva só no piloto automático. Por conta disso, passa a achar que está sendo arrastado vida afora pelo parceiro e vai criando ressentimento.

Há casais que enfrentam um vício. Uma das pessoas cai o tempo todo na armadilha das drogas e do álcool, enquanto a outra fica fazendo o papel de salvador, pensando em como pôr fim a um ciclo de recuperações e recaídas.

Há casais que lutam para descobrir como e se é possível reconstruir o casamento depois que um deles traiu e o outro se sentiu enganado, tentando entender se é possível recuperar a confiança mútua.

E há casais que desejam um casamento igualitário mas recaem sempre em um padrão no qual um deles faz tudo o que quer — viaja com os amigos, dorme até mais tarde, maratona Netflix — enquanto o outro precisa dar conta de todo o trabalho doméstico, cuidar de toda a logística e viver em um estado contínuo de ressentimento.

Embora a revelação seja um poderoso instrumento para lidar com os buraquinhos na vida conjugal, ao lidar com os buracões ela pode piorar as coisas. Quando um casal topa com um buracão, um auxílio externo costuma ser decisivo. Pode ser um terapeuta de casal. Pode ser um padre, um pastor ou um rabino. Pode ser um coach. Mas resolver problemas tão complicados costuma exigir alguém de fora do relacionamento, uma pessoa com uma visão mais ampla para ajudar o casal a pisar de novo em solo estável.

Eis uma sugestão final para lidar com os buraquinhos e buracões: reserve tempo para fazer sua parte pessoal. Dá para melhorar seu "fitness emocional" com a prática da meditação, o questionamento das suas ideias, a compreensão da própria personalidade ou o aprimoramento da inteligência emocional. São estratégias que o ajudarão a navegar melhor pelos surtos de raiva e de medo que surgem com os conflitos e os mal-entendidos. Elas o ajudarão a ficar mais calmo, menos reativo e, simplesmente, mais hábil na hora das conversas complicadas com o companheiro. Este livro não trata do desenvolvimento dessas habilidades pessoais, mas desenvolver habilidades como essas acaba sendo o foco de grande parte do nosso trabalho com clientes tanto individuais como corporativos. Para conhecer nossa lista de ferramentas-chave no desenvolvimento dessas habilidades de resiliência mental e emocional, veja os recursos que apresentamos no apêndice.

Agora você dispõe das ferramentas para compreender e praticar a generosidade radical. Essa nova mentalidade representa uma transformação impressionante no que você faz, vê e diz no casamento. O passo seguinte é investigar como sua vida está estruturada — coisas como papéis, prioridades, limites, poder e sexo — e unir esse mindset da generosidade radical com uma estrutura de êxito compartilhado.

**PARTE 3**
**UMA NOVA ESTRUTURA**

# 8. Êxito compartilhado: A estrutura 80/80

Quando se trata de casamento, mudar o mindset é meio caminho andado. Como vimos, é uma questão de transformar a experiência interior de compartilhar uma vida com alguém. Trata-se de se aferrar menos ao igualitarismo e mais à generosidade: àquilo que fazemos, vemos e dizemos.

Mas e quanto às estruturas do casamento que têm existência autônoma? O que fazer com toda a logística, o planejamento, a divisão de papéis e prioridades que influenciam a complicada missão de compartilhar, nestes tempos complicados, a vida com outro ser humano complicado?

É preciso mais do que uma mentalidade generosa para encarar essas forças exteriores. É preciso ter também uma *estrutura* projetada para nos ajudar a enfrentar a difícil tarefa de compartilhar a vida com alguém. No modelo 80/20, rígidos papéis de gênero moldam a estrutura dessa vida. No modelo 50/50, a estrutura vai ficando cada vez mais confusa e caótica. Perdemos a clareza e o propósito comum. Viramos dois indivíduos separados, às vezes enredados em formas imperceptíveis de concorrência, inveja e ressentimento na busca desesperada pelo igualitarismo em tudo.

No casamento 80/80, a estrutura da vida, é, como sempre, uma questão de estender os limites dos nossos hábitos conjugais comuns. Só que, desta vez, levamos mais além os limites do êxito individual e da ambição. Para isso, precisamos enfrentar nossa configuração cultural que dita que todos devem correr atrás dos próprios sonhos (sozinhos) ou que é estupidez não tentar ser o número um. O modelo 80/80 se baseia em uma meta alternativa para o modo de estruturar nossa vida: o êxito compartilhado.

## DOIS MUNDOS, DUAS ESTRUTURAS, DOIS JEITOS DE VIVER UM CASAMENTO

Quais as diferenças entre o êxito individual e o êxito compartilhado no casamento? Vamos analisar o depoimento de dois homens sobre como reagem quando a parceira tem um triunfo na carreira ou na vida pessoal.

### RELACIONAMENTO 1

*Nós dois temos uns sonhos meio loucos. Tem tanta coisa que queremos realizar, e fazemos de tudo para chegar lá. E um dá todo apoio ao outro. Mas digamos que ela consiga um empregão e eu não, e a minha carreira não avance tão bem quanto a dela. Eu deveria me sentir feliz por ela. Mas na verdade fico com ciúme, porque ela conseguiu exatamente o que eu queria. E vou dizer: "Que maravilha meu amor, parabéns!". Mas, no fundo do coração, o que estou pensando é: "Droga, agora a carreira dela vai decolar e eu vou ficar para trás".*

## RELACIONAMENTO 2

*Uma das principais razões de o nosso casamento ter dado certo é que sempre pensamos em nossa carreira não como "a dela" e "a minha", mas como duas partes de um todo. Passamos por fases variadas, em que um de nós teve que "abrir mão" de uma oportunidade para que o outro fosse atrás de uma oferta mais interessante. Isso nunca foi um problema. Nós dois já estivemos nessa posição. Os dois já fizeram sacrifício pelo outro, de coração. Nunca nos preocupamos de verdade com quem estava ganhando mais ou sendo mais bem-sucedido. Não é assim que pensamos. Pensamos: "Qual dos dois tem a melhor oportunidade?".*

Imagine a vida no primeiro relacionamento. Seu companheiro acaba de receber aquela tremenda promoção, acaba de fechar aquele grande negócio ou acaba de ser eleito presidente da associação de pais e professores. Como você se sentiria se, na mesma hora que recebesse a notícia, viesse junto uma pontada de ciúme? Você fica empolgado, sim — e como não ficaria? —, porém, mais do que isso, se sente amedrontado e diminuído, rebaixado diante do sucesso da outra pessoa.

Agora imagine ficar sabendo da mesma notícia do ponto de vista do segundo relacionamento. É um grande dia para a sua família. Seu parceiro alcançou uma conquista e você também. É como jogar em um time de basquete e assistir a um companheiro de equipe acertando a decisiva cesta de três pontos. Sim, quem arremessou foi ele, mas quem ganhou o jogo foram vocês dois.

A diferença entre esses dois relacionamentos é a diferença entre viver em um mundo baseado no igualitarismo e no êxito individual e viver em um mundo baseado no espírito do triunfo em comum. O primeiro reflete uma estrutura em que a carreira e grande parte da vida de cada parceiro ficam radicalmente separadas. O segundo reflete o mundo do êxito compartilhado — uma estrutura de vida que dá ênfase ao "nós" em vez do "eu", na qual lutamos por vitórias em comum em vez de vitórias individuais.

## OS CINCO ELEMENTOS DESSA ESTRUTURA

Se a generosidade radical faz parte da estratégia do casamento 80/80, o êxito compartilhado fundamenta a prática na logística cotidiana. É o manual de instruções que organiza tarefas, deveres e decisões da vida conjugal em torno da meta radical do triunfo em comum. Mas não basta chegar e dizer: "Muito bem, vamos trabalhar juntos". Para que essa transformação se efetive, precisamos explorar como essa nova meta se aplica às cinco áreas do casamento que costumam gerar mais impasses: divisão de papéis, prioridades, limites, poder e sexo.

Nos próximos capítulos, vamos explorar em profundidade cada um desses aspectos. Por ora, eis a versão resumida do que acontece quando integramos a essas cinco áreas a meta do êxito compartilhado. A divisão de papéis deixa de ser fruto de um acidente histórico aleatório e passa a ser organizada em prol do triunfo em comum. As prioridades são determinadas por um conjunto compartilhado de valores. Os limites passam a ser uma maneira de dizer "não" às oportunidades, demandas e exigências da vida moderna que não levem a esse êxito compartilhado. O poder fica mais equilibrado. E, no que diz respeito ao sexo, o terreno mais íntimo do casamento, deparamos com uma verdade surpreendente: quanto melhor a estrutura do êxito compartilhado no casamento, melhor o sexo.

## O CASAMENTO COMO ESPORTE COLETIVO

Em nossas entrevistas com casais felizes, ouvimos várias vezes a mesma metáfora: um casamento 80/80 é como um esporte coletivo. Nas palavras de um marido: "Para nós, o casamento é a mesma coisa que fazer parte de um time de basquete. Se um de nós não sabe arremessar de três pontos, passa a se concentrar no passe. É uma mentalidade de equipe, que é o inverso do "é dando que se recebe". O lema passa a ser: "O que precisamos fazer juntos para vencer?"".

Essa ideia da vitória em equipe pode parecer quase um lugar-comum. Mas viver desse jeito, em meio a todas as pressões da vida moderna, é uma prática radical. Está completamente distante da estrutura da maioria dos casamentos. Afinal de contas, o modelo 80/20 é como jogar em um time em que vocês dois querem vencer, sim, mas com um só jogador fazendo todos os arremessos. O modelo 50/50, ao contrário, é como jogar em um time só de estrelas: os jogadores estão mais preocupados em melhorar a estatística individual e ganhar o prêmio de craque do ano do que em vencer o jogo. O modelo 80/80 visa formar um time de verdade. Busca aproveitar os pontos fortes de ambos, equilibrando as forças e dando um lugar ao sol para cada um.

Há outra boa razão para levar a sério essa metáfora de equipe descrita por tantos casais. Pensar no casamento como um esporte coletivo permite dar um nome ao que não tem nome. Proporciona palavras para descrever uma coisa que costuma ficar oculta e que é fácil esquecer em meio à batalha pela igualdade: a terceira entidade no casamento.

Sabemos que pode parecer estranho. Vamos explicar. Pense nas brigas e nos conflitos em seu relacionamento: giram, normalmente, em torno de duas coisas, você e o seu parceiro. É a briga por quanto tempo passar com os sogros, aonde ir nas férias ou se devem comprar um cortador de grama — o conflito entre o que é melhor para mim versus o que é melhor para você. Quando vemos o casamento como um esporte coletivo, porém, começamos a perceber que existe uma terceira entidade, outro fator a ser levado em conta: o êxito compartilhado. O time.

Essa compreensão mudou tudo para nós. Ao longo da primeira década que vivemos juntos, nossa vida foi toda organizada em torno do hábito 50/50 de enxergar projetos, carreiras e objetivos individuais como algo separado. É claro que comemorávamos as façanhas um do outro. Mas também vivíamos com a sensação, no fundo, de que cada um tinha que proteger seu território das invasões do trabalho do outro. Em nossas conversas, só havia dois interesses em jogo: o meu e o seu.

Até que um dia nos demos conta de como isso era insano. Certa manhã de primavera, fazendo uma trilha (falaremos mais sobre isso adiante), entendemos que cada novo projeto, livro ou evento era fruto de coisas que achávamos boas para um de nós, individualmente. O único problema é que não era bom para nós como casal ou família. Na verdade, era fonte de tristeza. Tínhamos ambos a sensação de passar pela vida com pressa, exaustos e sobrecarregados.

E foi então que aconteceu. Decidimos experimentar nossa própria versão do êxito compartilhado 80/80. "Que tal parar de ver a nossa vida profissional separadamente?", per-

guntamos. "E se nos víssemos como parte de algo maior, como um time? Que tal estruturar nossa vida inteira — nossa carreira, a criação dos filhos, a logística, o cuidado com a casa — em torno da pergunta 'O que é melhor para nós?'".
Foi uma experiência que nos levou a reestruturar tudo. E o mais importante: nos levou a dar um nome a essa terceira e nova entidade em nosso casamento. Demos a ela o nome de *Kajona* (uma combinação das duas primeiras letras de nossos nomes e de nossa filha).

Sim, demos à nossa família um nome que poderia ser de um grupo de trabalho em um seminário motivacional ou um encontro de fim de semana da empresa. Temos plena noção de como pode parecer brega. Mas esse novo nome nos permitiu dispor de um vocabulário para transformar o debate conjugal. Em vez de recair nos nossos piores hábitos 50/50 — questionando "O que é que eu ganho com isso?" —, passamos a abordar os problemas do cotidiano perguntando: "O que é que ganhamos com isso?". Ou, no nosso caso, "O que é que Kajona sai ganhando com isso?". Resumindo, esse novo nome nos permitiu lembrar e priorizar a terceira, e essencial, entidade no casamento: nosso time.

## OS BENEFÍCIOS DO ÊXITO COMPARTILHADO

Dentro de todos nós, existe uma vozinha interior que pode resistir à ideia. É aquela parte de nós que passou a vida inteira ouvindo frases como: "Lute para ir o mais longe possível", "Realize seu potencial" e "Sonhe mais alto". Frases que revelam a obsessão pela excelência individual característica da nossa cultura. Todos nós temos uma parte assim, e qualquer um pode ficar ansioso diante da ideia de fracassar ou de desistir da própria meta, das próprias ambições e do próprio sucesso quando vai viver com um parceiro. É um temor compreensível. Mas também é fácil de descartar. O modelo 80/80 não é uma questão de renunciar à identidade individual em nome do êxito compartilhado. Na verdade, existe outra razão para termos adotado o nome 80/80, e não 100/100. Não se trata de passar 100% rumo ao sucesso compartilhado, nem de uma mudança que exija abandonar todos os projetos, sonhos, preferências e esperanças individuais. Continua a existir espaço para nós nesse modelo. A grande transformação no 80/80 é que passamos a priorizar os dois juntos — nosso êxito em comum —, e não nossos triunfos separados como indivíduos.

Mesmo assim, aquela vozinha interior ainda deve estar perguntando: por que eu me esforçaria para atingir esse limite do êxito compartilhado? Por que eu teria que sair da minha zona de conforto, que é fazer o que é melhor para mim?

Considere alguns dos mais poderosos benefícios advindos dessa transformação.

SAIR DA CONFUSÃO PARA A CLAREZA

Passar para uma estrutura de êxito compartilhado simplifica o caos da vida conjugal. O que não é pouco. Com uma clareza maior na divisão de papéis, prioridades e limites, você sai dos papéis de gênero rígidos do modelo 80/20, ou da absoluta confusão do modelo 50/50, para uma estrutura mais clara e dinâmica, que auxilia a complicada logística da vida familiar moderna.

## REALIZAR MAIS, DE MANEIRA MAIS CRIATIVA, JUNTOS

Quando vocês enxergam a vida pessoal como parte de um projeto conjunto, isso aumenta exponencialmente a criatividade e a energia produtiva de ambos para lidar com os desafios do cotidiano. E não é só uma questão de realizar mais coisas. Vocês também realizarão as coisas *certas*. Em um mundo onde estamos o tempo todo sujeitos a distrações e uma avalanche de e-mails, sms e mensagens, caminhar juntos na mesma direção, com base em um conjunto de valores comuns, permite que vocês se concentrem nas coisas que importam, em vez de apenas responder "sim" de modo automático a tudo o que é importante para outras pessoas.

### AUMENTAR A CONEXÃO

Ter mais clareza é ótimo. É excelente se tornar um casal mais criativo e produtivo. Mas, no frigir dos ovos, o verdadeiro objetivo do modelo 80/80 não é melhorar a organização ou fazer mais coisas. O verdadeiro objetivo é simplificar a logística do cotidiano, a fim de se concentrar no que realmente importa: sentir-se mais conectado e em sintonia com seu parceiro. Na verdade, seria justo dizer que a força de um casamento, como empreendimento em geral, depende da conexão. Quando existe conexão, tudo é incrível. Vocês são eficientes. Passam o dia se divertindo um com o outro. Dão risadas. Ficam conversando até tarde na cama. Fazem sexo de manhã, antes de ir trabalhar. Quando não existe conexão, tudo fica chato. A tensão impede de rir. Gasta-se tanto tempo e energia com picuinhas que é impossível relaxar ou produzir o que quer que seja. Resumindo: sem conexão, compartilhar a vida com alguém se transforma rapidamente em uma travessia penosa, pela vida toda, enfrentando conflitos, mal-entendidos e ressentimentos.

## COMO VENCER O JOGO DO CASAMENTO E DA VIDA

Se o casamento é um esporte coletivo, a pergunta seguinte é: que jogo você e seu companheiro querem vencer? Essa é uma pergunta essencial. Conversando com inúmeros casais, nos demos conta de que não existe uma definição única do que é o êxito compartilhado. Cada casal, concluímos, tem suas idiossincrasias, seu jeito próprio de decidir o que conta como triunfo em comum.

Para alguns casais, sucesso significa obter segurança financeira. Para outros, é ser capaz de viajar pelo mundo e conhecer culturas diferentes. Também pode ser criar uma comunidade de vizinhos e amigos íntimos. Ou sexo escandalosamente bom. E para alguns casais, o sucesso nasce de uma combinação desses e de outros projetos.

Não existe, em outras palavras, um modelo único de êxito compartilhado. Tudo depende de seus valores como casal; se dão valor ao dinheiro, às viagens, à comunidade, à influência, ao sexo ou a outra coisa.

Por isso, o primeiro passo na montagem dessa nova estrutura de êxito compartilhado consiste em descobrir o que ele significa para você e seu parceiro — isto é, identificar seus valores compartilhados de êxito.

## SEUS VALORES COMPARTILHADOS DE ÊXITO

O objetivo deste exercício é escolher alguns valores fundamentais (entre um e cinco) que definem o êxito compartilhado para você e o seu parceiro. Convidamos vocês a completar um breve passo a passo, primeiro individualmente e depois juntos.

**1º passo:** Faça um círculo nos valores mais importantes para o seu time (se perceber que algum valor não está na lista, acrescente-o nas lacunas)

| | | |
|---|---|---|
| Aventura | Geração de riqueza | Voluntariado |
| Viagens | Fitness | Ativismo político |
| Tempo com a família | "Fitness mental" | Contato com a natureza |
| Influência | Evolução espiritual | Acolhimento |
| Filantropia | Sexo espetacular | Diversão |
| Sucesso profissional | Criatividade | Superação dos limites |
| Vida comunitária | Aconselhamento | Excitação |
| Cultivar amizades | Sustentabilidade | Parar de trabalhar |

**2º passo:** Faça uma lista dos cinco valores de êxito compartilhado mais importantes para você

| PARCEIRO 1 | PARCEIRO 2 |
|---|---|
| Valor 1: | Valor 1: |
| Valor 2: | Valor 2: |
| Valor 3: | Valor 3: |
| Valor 4: | Valor 4: |
| Valor 5: | Valor 5: |

**3º passo: Crie uma lista em comum dos valores de êxito compartilhado**

Agora que vocês dois preencheram a lista, tirem um tempo para conversar sobre as respostas. Usem a lista individual como ponto de partida para bolar uma lista de três a cinco valores que representam os valores compartilhados de êxito de vocês. Depois, organizem por ordem de prioridade.

**SEUS VALORES DE ÊXITO COMPARTILHADO**

**Valor 1:** _____
**Valor 2:** _____
**Valor 3:** _____
**Valor 4:** _____
**Valor 5:** _____

**Dica 1: O que fazer se vocês não tiverem nenhum valor compartilhado**

Duas opções: primeiro, tentem consolidar ambas as listas em uma só, maior. Depois, juntos, busquem identificar três a cinco valores principais para vocês como time. Ou então, criem juntos uma lista em comum de três a cinco valores.

**Dica 2: Lembram-se daquele espírito de que falamos o tempo todo?**

Generosidade radical. Sabemos que vocês já passaram pelos capítulos sobre mentalidade, mas uma conversa como essa é o momento ideal para testar se conseguem se manter conectados ao espírito de generosidade radical.

**Dica 3: Criem um lembrete visual para seus valores compartilhados**
Caso vocês sejam como a maioria das pessoas, não tardarão a esquecer essa lista de valores. Por isso, sugerimos que a deixem em um lugar quase impossível de não ver: na bancada da cozinha, no espelho do banheiro, na entrada da garagem. O nosso fica em uma pequena lousa na cozinha.

**Quer uma prática mais avançada?**
Vocês se lembram do nome Kajona, que demos à nossa equipe? Agora é a hora de fazer o mesmo nesta prática avançada:

**DÊ UM NOME A SEU TIME FAMILIAR**

Pode ser Silva FC, Imortais ou Los Três Amigos, ou qualquer ideia maluca que lhes ocorrer.

**Dica 1: Crie o hábito de usar o nome**
Depois de definirem juntos um nome, adotem o hábito de usá-lo sempre que a conversa girar em torno do trabalho conjunto de vocês.

**Dica 2: GR**
Generosidade radical, sempre.

    Identificar esses valores é o primeiro passo em direção a uma reestruturação do casamento com base no êxito compartilhado. O passo seguinte é usá-los no cotidiano para criar uma estrutura que permita lidar com os cinco elementos que tiram do prumo até o mais estável dos relacionamentos: divisão de papéis, prioridades, limites, poder e sexo.

# 9. A divisão de papéis: Quem faz o quê?

Eis uma conversa que tivemos mais ou menos dez mil vezes nos primeiros anos do nosso casamento:

**Kaley:** A churrasqueira lá fora está como se uma bomba tivesse explodido. Será que você tomaria a iniciativa de limpar?
**Nate:** Estou sabendo. Já está na minha lista.

Uma semana depois...

**Kaley:** Notei que a churrasqueira continua igual. Quando é que você vai fazer a tal limpeza?
**Nate:** Está na minha lista, amor. Já falei. Deixa comigo.

Três semanas depois...

**Kaley:** Não sei direito o que raios acontece com essa sua tal "lista". A churrasqueira continua um horror. Você vai limpar? Ou vou ter que fazer eu mesma?
**Nate:** Você já reparou que quanto mais me cobra menos vontade eu tenho de limpar a porcaria da churrasqueira?

Mais ou menos na milésima quinta vez em que isso aconteceu, nos demos conta do que estava acontecendo. É uma dinâmica que, hoje sabemos, não é exclusividade nossa; esse estranho fenômeno foi relatado por muitos casais. É um padrão em que a delegação de tarefas leva ao ressentimento, e o ressentimento leva a uma completa explosão conjugal.

## BEM-VINDOS AO CICLO DELEGAÇÃO--RESSENTIMENTO-EXPLOSÃO

Na maioria dos relacionamentos, uma das pessoas vê antes da outra a mancha de ketchup na prateleira da porta da geladeira. Se dá conta primeiro de que, se o licenciamento não for renovado, vocês estarão usando o carro ilegalmente no mês seguinte. Percebe antes que é a vez de a outra pessoa organizar o jantar com os amigos.

Enquanto um está no sofá maratonando *Game of Thrones*, a outra pessoa, mais responsável, não pode deixar de notar a procissão diária de problemas, ocorrências e questões logísticas. Com isso, ao parceiro mais preocupado com a logística da vida doméstica há duas opções. A primeira: literalmente, fazer tudo por conta própria, receita para uma vida inteira de azedume e ressentimento em relação ao companheiro. Segunda: assumir o papel de sargentão da casa, latindo ordens para o parceiro: "Tira a louça da lavadora, por favor", "Aspira embaixo da cadeirinha do carro, por favor", "Leva o cachorro para passear, por favor, e já tira o cocô do gramado com esse saquinho?".

É uma escolha difícil: viver com ressentimento ou delegar tarefas, como se a outra pessoa fosse uma espécie de estagiário sem noção. A maioria das pessoas acha que a segunda alternativa é o melhor caminho.

Mas, como nós mesmos aprendemos, esse segundo caminho, o da delegação, é a receita ideal para o ressentimento. Delegar é coisa de escritório. É o que um gerente faz com o subordinado imediato; o que o presidente da empresa faz com seu consultor tributário; o que o encarregado de uma fábrica faz com os empregados. E no escritório isso dá certo porque todos têm um entendimento claro de seus papéis na organização.

Mas casamentos e relacionamentos não funcionam da mesma forma. Quando você tem um marido, uma esposa ou um namorado ou namorada firme, a dinâmica da delegação não dá certo. Afinal de contas, supostamente vocês são iguais. E essa é a grande novidade do modelo 50/50. Por que um teria o direito de exercer poder sobre o outro, como uma espécie de ditadura doméstica? Por que um deveria ser o comandante da família e o outro uma espécie de assistente conjugal?

São perguntas como essas que mostram como a delegação se transforma em ressentimento. Uma das pessoas se torna o patrão de fato, em um ou mais aspectos, e a outra começa a nutrir ressentimento. No nosso caso, toda vez que Kaley perguntava: "Quando você vai limpar a porcaria da churrasqueira?", Nate se sentia como se tivesse voltado ao emprego de férias de quando tinha vinte anos, nos fundos da franquia local da Domino's, recebendo ordens do gerente sobre como destruir as caixas de pizza engorduradas no fim do expediente. E assim, da mesma forma que Nate ficava ressentido com o gerente surtado da pizzaria, ele começou a ficar ressentido com Kaley.

E, quando o ressentimento vai aumentando, pode se transformar rapidamente em uma explosão de raiva ou em comportamento passivo-agressivo. Esse é o verdadeiro motivo para Nate nunca ter limpado a churrasqueira. Sua explosão, alimentada pelo ressentimento, se deu sob a forma de uma greve passivo-agressiva de trabalho doméstico. Claro, ele poderia ter simplesmente cumprido a ordem, como uma vaca de presépio, e limpado a churrasqueira. Mas ele havia atingido o limite do ressentimento. Por isso, ele recorreu a um dos truques mais antigos e imaturos do manual do casamento: dizer que ia fazer aquilo, sabendo que não ia, e não fazer nada.

Esse ato passivo de resistência enfureceu Kaley, que partiu então para uma diatribe verbal sobre como Nate não fazia a parte dele, não cumpria o prometido e não se importava o suficiente. E é assim que esses conflitos costumam acabar: numa explosão de lágrimas, mágoas e raiva reprimida.

Como você provavelmente sabe por experiência própria, é péssimo entrar nesse círculo vicioso. É uma receita para o conflito. É tão produtivo quanto passar o horário de trabalho surfando no Instagram ou disputando uma partida de sete horas de *Fortnite* com os amigos. E o aspecto mais trágico desse ciclo de delegação-ressentimento-explosão é que ele nos impede de conseguir o que realmente buscamos no casamento: amor, intimidade e conexão profunda.

O MOTIVO DO IMPASSE

Existe uma explicação mais ou menos simples para o fato de ficarmos presos nesse ciclo: uma confusão de papéis. Nossos ancestrais 80/20 não chegavam a ter esse problema. Muitos conviveram com as limitações da desigualdade e com o sexismo escancarado, mas a maioria dos casais adotava com tranquilidade uma estrutura de papéis. Isso não ocorria por eles serem mais inteligentes ou conscientes do que nós, mas porque as normas culturais daquele tempo faziam todo o trabalho pesado por eles. Os homens faziam "coisas de homem": cuidar do dinheiro, trabalhar no escritório, beber até cair, cortar a grama. As mulheres faziam "coisas de mulher": cozinhar, limpar a casa, fofocar, costurar, cuidar das crianças.

Com a crescente igualdade de gênero e o modelo 50/50, porém, a clareza se transformou em confusão. Passou-se a supor que os papéis e as responsabilidades de cada um fossem justos e igualitários. Mas o que isso significa? Significa que todo mundo faz tudo? Ou uma divisão aleatória de tarefas? Ou apenas improvisar e ver o que acontece quando deixamos antigos hábitos e acasos da história moldarem nossos papéis e responsabilidades?

Se o seu relacionamento for como a maioria, provavelmente adotou o método do improviso para a divisão de papéis. Constatamos isso diversas vezes em nossas conversas com casais. Quando perguntamos como estabeleciam papéis e responsabilidades, a maioria fazia uma pausa constrangedoramente longa. Respondiam, então, com hesitação: "Bem, acho que nunca pensamos de verdade em papéis. Aconteceu, simplesmente". Como afirmou um homem: "Sou eu que ponho a nossa filha para dormir. Não sei por que passou a ser assim, mas 90% das vezes sou eu".

O método do improviso na divisão de papéis é uma marca registrada do modelo 50/50. Com alguns casais, dá certo. Com a maioria, porém, leva a confusão, caos e conflito. Como observou uma entrevistada: "Esse ciclo acontece religiosamente mês sim, mês não. Acontece alguma coisa que é a gota d'água, e eu chego a um ponto em que sinto que não vou mais aguentar, estou estressada, não é justo e tem muita coisa nas minhas costas. As lágrimas correm. Ele fica na defensiva. No fim a gente conversa e tudo se ajeita por algum tempo. Daí, dois meses depois, começa de novo". A confusão de papéis é o que faz o problema voltar o tempo todo. É um mau hábito conjugal que leva a três grandes problemas.

PROBLEMA 1: DESIGUALDADE

Não é por acaso que na maioria dos lares, mesmo quando a mulher ganha mais que o homem, elas tendem a continuar cuidando da maior parte do trabalho doméstico. São resquícios do modelo 80/20 que se insinuam no casamento moderno. E esses resquícios levam à desigualdade, estruturas em que um dos dois (em geral a mulher) cuida de uma fatia desproporcional desse trabalho.

PROBLEMA 2: INEFICIÊNCIA

Quando há clareza na divisão de papéis, cada tarefa ou obrigação minúscula é cumprida pelo parceiro que domina melhor determinado assunto. Tudo é feito de maneira rápida e quase automática. Quando há confusão de papéis, cada tarefa ou obrigação minúscula fica parecendo uma assembleia de condomínio — vira apenas um pretexto para polêmica, em vez de ação. É por isso que a confusão de papéis é tão ineficaz e enlouquecedora: ficamos perdidos em discussões intermináveis sobre por que fazer isto ou aquilo, quem faz e quando faz.

PROBLEMA 3: VOLATILIDADE, INCERTEZA, COMPLEXIDADE E AMBIGUIDADE

A confusão de papéis leva a um estado que os estrategistas militares chamam de VICA — Volatilidade, Incerteza, Complexidade e Ambiguidade. "Nós pagamos a fatura do cartão?" "Sei lá." "Quem vai buscar nosso filho na colônia de férias?" "Sei lá." A confusão de papéis cria uma estrutura em que ninguém nunca tem certeza se as coisas estão sendo feitas. Viver em um casamento com VICA é como caminhar por um cômodo escuro. Nunca dá para saber se você vai dar de cara na parede, levar uma topada em um degrau invisível ou enfiar a testa na quina da estante.

E é por isso que, no fim das contas, esse método improvisado de divisão de papéis no casamento gera caos, confusão e todo tipo de drama desnecessário. O fracasso na divisão de papéis leva a uma das ideias centrais do êxito compartilhado no modelo 80/80: é importante definir uma estrutura para o casamento. Só de passar um tempo curto estabelecendo papéis bem definidos, gera-se clareza e eficiência e a vida inteira fica mais simples.

PAPÉIS SOB MEDIDA PARA O ÊXITO COMPARTILHADO

Pode ser que você resista à ideia de ter que pensar em papéis e responsabilidades. Talvez ache que discutir uma divisão clara de papéis seja tão excitante quanto uma planilha cheia de abas ou uma aula de investimento em derivativos na Bolsa. Porém, quer você goste ou não, todo casal já adota uma estrutura de divisão de papéis e responsabilidades.

Essa estrutura pode ser clara e criada intencionalmente ou confusa e inconsciente, perdida sob a superfície da vida conjugal e prestes a explodir a qualquer momento.

Para ter uma ideia do poder de uma divisão de papéis bem estruturada, vejamos o caso de Andrew e Jon, um casal que adotou um bebê — uma mudança transformadora, que os obrigou a repensar a divisão de papéis e responsabilidades. Andrew e Jon, ambos consultores, decidiram criar uma alternativa ao método do improviso. Cientes do valor da eficiência e da economia que nascem de sistemas organizados, eles refletiram bastante para encontrar o melhor jeito de decidir quem faria o quê. Jon nos relatou: "O mais importante é aproveitar os pontos fortes de cada um. Eu cuido de todas as contas e das finanças, porque para mim isso é um fardo menor e menos estressante. Não me deixa tenso. Para Andrew, em compensação, seria um grande peso". A meta de dividir as tarefas, em outras palavras, é em grande medida uma questão de eficiência. Nas palavras de Jon: "Tentamos pensar: o que eu sei fazer bem, gastando a menor energia possível?".

A eficiência não é, porém, o único critério ao adotar essa estrutura de êxito compartilhado. É preciso levar em conta também o interesse pela tarefa. Desde o começo, por exemplo, eles se deram conta de que Andrew tinha um grau mais elevado de interesse em passar longos períodos de tempo com o filho. Isso, combinado com a vocação de Jon para as questões financeiras, levou o casal a criar uma estrutura em que Jon toma a iniciativa na gestão da casa e Andrew toma a iniciativa nos cuidados com o filho.

Andrew e Jon também definiram o papel de cada um baseados em um conceito que chamam de "grau de exigência". Eles definem grau de exigência como a expectativa que cada um tem em relação a determinada tarefa. Como explica Andrew, "em qualquer casal, você tem um grau diferente de exigência em relação à limpeza do chão, por exemplo. Eu não me importo de andar descalço em um piso grudento; Jon se importa". Em outras palavras, se um dos dois faz questão absoluta de uma cozinha impecável, o grau de exigência para aquela tarefa é alto. Se o outro não se importa, o grau de exigência é baixo. Essa ideia os levou a uma constatação importante: quando um dos dois tem um grau de exigência mais alto, faz mais sentido que essa pessoa ou cuide daquela tarefa por conta própria ou se encarregue de terceirizá-la. Afinal de contas, quem tem um grau de exigência mais alto sentirá um incômodo que precisa ser resolvido em pouco tempo, se comparado a quem tem um grau de exigência baixo.

A estratégia de Andrew e Jon para a divisão de papéis aponta para uma alternativa promissora à estratégia do improviso. É uma estrutura que minimiza as tensões e os conflitos. Cria clareza, em vez de confusão. E, o mais importante, está estruturada em torno da ideia de que os dois formam uma equipe, trabalhando juntos em prol do êxito compartilhado.

Essa abordagem intencional representa a interseção entre o êxito compartilhado e a complicada missão de dividir todas as obrigações, as tarefas e os deveres de uma vida em comum. Em vez de deixar a cultura e os hábitos nos empurrarem rumo à desigualdade do modelo 80/20, ou à confusão do modelo 50/50, podemos criar uma estrutura de papéis dinâmica, sob medida para nossos valores, pontos fortes e interesses específicos. É um exercício que nos permite incluir os valores centrais do 80/80 na essência da vida cotidiana. Ao simplificar a divisão de papéis, aquela convivência de confusão, drama e brigas por igualitarismo dá lugar a um companheirismo baseado na generosidade radical e no êxito compartilhado.

## CINCO REGRAS DE OURO PARA O ÊXITO COMPARTILHADO

Ao pensar na melhor forma de montar essa nova estrutura, considere estas cinco regras de ouro:

### REGRA DE OURO 1: JEITO

Vamos reconhecer, tem gente que sabe pregar um quadro na parede melhor que outras. Tem os que lidam melhor com crianças. Há quem tenha mais facilidade em subir na escada para pendurar as luzes de Natal na garagem. Na hora de estruturar a divisão de papéis, esse "jeito" faz diferença. Por isso, na hora de refletir sobre a organização do trabalho, pense: um de vocês é significativamente melhor e mais eficiente do que o outro em certas tarefas?

### REGRA DE OURO 2: INTERESSE

Da mesma forma que cada um de vocês tem talentos específicos, vocês também têm vontades e interesses específicos. Tem gente que acha insuportável lavar a louça. Outros acham que raspar restos de comida do prato é o caminho do nirvana. Tem quem ame jardinagem. Outros sofrem uma crise alérgica só de cortar uma folha de grama. Por isso, vale a pena perguntar: um de vocês tem um interesse significativamente maior por certas tarefas?

REGRA DE OURO 3: PADRÕES

É importante levar em conta a expectativa de cada pessoa em relação ao que pode ser considerado satisfatório. Andrew e Jon deram a isso o nome de grau de exigência. Nós chamamos de padrões. Seus padrões definem o ponto em que uma privada suja, uma calçada com cocô de cachorro ou uma viagem de férias mal planejada se torna um problema. Em cada relacionamento, os parceiros têm padrões mais altos ou mais baixos conforme a tarefa. Se você não aguenta ver uma mísera erva daninha aparecer no gramado na primavera e seu companheiro não está nem aí, você tem um padrão mais alto para jardinagem. Se o seu companheiro passa horas e horas, todo mês, montando complexas planilhas de gastos familiares, e você acha isso desnecessário, ele tem um padrão mais alto para finanças. Identificadas essas diferenças, você pode começar a levar em conta a ideia central em relação aos padrões: excluídos os demais fatores, o parceiro com padrões mais altos para determinada tarefa será mais competente para realizá-la ou terceirizá-la.

REGRA DE OURO 4: ÊXITO COMPARTILHADO

A esta altura, você já está familiarizado com a ideia básica do casamento 80/80: estruturar a vida não em torno do igualitarismo ou de objetivos individuais concorrentes, mas em torno de valores de êxito compartilhado. Afinal de contas, a usual abordagem 50/50 para a divisão de papéis é tentar deixar tudo igualitário — encontrar o exato meio-termo 50/50 na distribuição de tarefas. No método 80/80, em compensação, a estrutura da divisão de papéis é determinada pelo que é melhor para *ambos* — nossos valores em comum. Isso significa que nem sempre se trata de uma questão de divisão perfeita ou de igualitarismo. Pense na situação de um casal em que ela é bem remunerada e ama o que faz, enquanto ele ganha menos e quer desacelerar um pouco para ficar mais com os filhos. A divisão doméstica de papéis pode não ser "justa" no sentido 50/50. O marido cuida mais do trabalho doméstico, enquanto a mulher aproveita mais seu potencial de gerar receita. É um arranjo que pode funcionar bem para ambos porque está alinhado com seus valores de êxito compartilhado. Evidentemente, há casais que terão uma visão compartilhada distinta. Podem decidir que os dois irão investir tudo na carreira e dividir por igual as tarefas domésticas. É um método que pode ser o mais apropriado para eles. O importante é deixar o êxito compartilhado — e não o igualitarismo 50/50 — determinar a estrutura da divisão de papéis.

REGRA DE OURO 5: TERCEIRIZAÇÃO

Existem no casamento algumas tarefas em que nenhum dos parceiros tem um talento em especial e pelas quais ninguém se interessa. Também há situações em que o padrão de uma das pessoas é mais alto em quase tudo, e por mais que a outra se esforce nunca consegue estar à altura da expectativa. Em casos assim, quando se dispõe de recursos financeiros, terceirizar pode ser uma opção excelente. Quando vocês não conseguem chegar a um acordo em relação ao grau de limpeza do banheiro, contratem alguém para fazer a faxina. Se nenhum dos dois quer tirar as ervas daninhas do jardim, recorram a uma empresa de jardinagem. Também vale observar que nem sempre terceirizar representa um custo. Por exemplo, os avós e outros membros da família muitas vezes ficam contentes em ajudar cuidando das crianças.

Para muitos casais, uma nova estrutura de divisão de papéis com base nas cinco regras acima é essencial para o êxito compartilhado. Conosco foi assim, com certeza. Na verdade, nós dois até nos lembramos do dia em que isso aconteceu. Foi poucas semanas depois da discussão sobre quem ia buscar a nossa filha na creche, aquela briga que quase pôs fim ao nosso casamento. Sentamos à mesa da cozinha com duas folhas de papel em branco. Na primeira, preenchemos uma coluna com os papéis que Kaley desempenhava na época; na outra, os papéis de Nate. Depois de termos registrado tudo no papel, a fonte das nossas tensões ficou evidente. Visivelmente, Kaley precisava de ajuda. Compreendemos por que ela tinha que delegar tanta coisa — estava assumindo uma parte desproporcional das responsabilidades, uma situação que não estava alinhada com os nossos valores de êxito compartilhado. Também nos demos conta de que a nossa divisão de papéis não estava alinhada com os nossos talentos ou interesses.

Passamos, então, os minutos seguintes redigindo na segunda folha em branco uma distribuição nova, mais eficiente, mais satisfatória para os nossos papéis. A atividade completa levou, ao todo, cerca de vinte minutos. Foi o bastante para acabar com a briga tóxica em que estávamos afundados.

Já se passaram sete anos desde aquele dia. Claro que, desde então, tivemos nossas brigas e discordâncias. Mas agora cada um conhece o seu quadrado. As coisas caminham. Quando surge um conflito, encaramos como um lembrete de que há alguma coisa fora do lugar em nossos papéis. Aí, em vez de torturarmos um ao outro com greves domésticas passivo-agressivas ou comentários sarcásticos, simplesmente ajustamos a estrutura dos nossos papéis para voltar a uma situação de equilíbrio.

É a vez de vocês, agora, traçarem a própria alternativa. É hora de criar uma nova estrutura de divisão de papéis, mais eficiente e relevante, para garantir que, na hora de decidir quem faz o quê, os dois saiam ganhando juntos.

---

### PAPÉIS PARA O ÊXITO COMPARTILHADO

PRÁTICA 80/80

Para simplificar sua vida e chegar ao êxito compartilhado, reserve algum tempo para definir uma estrutura de papéis.

#### Passo 1: Escrever os papéis atuais

Os papéis que assumimos se dividem em três categorias básicas: os papéis do Parceiro 1, os papéis do Parceiro 2 e os Compartilhados (que são os que não pertencem a nenhum dos dois). A seguir, alguns exemplos das tarefas que mais aparecem nos casamentos. Tenha em mente que, quando você fica com uma tarefa específica, ela passa a ser seu papel.

| Limpar a casa | Passeios de fim de semana | Fazer supermercado |
| --- | --- | --- |
| Lavar a roupa | Agenda social | Orçamento doméstico |
| Fazer consertos | Receber os amigos | Pagar as contas |
| Cuidar do jardim | Cozinhar | Gerir aplicações |
| Planejar as férias | Lavar a louça | Cuidar do filho doente |
| Colônia de férias dos filhos | Tirar o lixo | Cuidar dos pais idosos |
| Planejar eventos | Manutenção do carro | Logística da escola |

| PARCEIRO 1 (Tarefas que você resolve) | COMPARTILHADAS (Tarefas que vocês resolvem juntos) | PARCEIRO 2 (Tarefas que você resolve) |
| --- | --- | --- |
| 1. | 1. | 1. |
| 2. | 2. | 2. |
| 3. | 3. | 3. |
| 4. | 4. | 4. |
| 5. | 5. | 5. |
| 6. | 6. | 6. |
| 7. | 7. | 7. |
| 8. | 8. | 8. |
| 9. | 9. | 9. |
| 10. | 10. | 10. |
| 11. | 11. | 11. |

| 12. | 12. | 12. |
| 13. | 13. | 13. |
| 14. | 14. | 14. |
| 15. | 15. | 15. |
| 16. | 16. | 16. |

**Passo 2: Avalie a estrutura atual de divisão de papéis**

Reserve um momento para refletir sobre o que está dando certo e o que não está. Lembre-se de levar em conta as cinco regras de ouro para o êxito compartilhado:

- Jeito: Vocês estão nos papéis para os quais levam jeito?
- Interesse: Vocês gostam de exercer esses papéis?
- Padrões: Vocês têm padrões radicalmente diferentes em relação a algumas dessas tarefas?
- Êxito compartilhado: A atual distribuição de papéis reflete os valores de êxito compartilhado de vocês dois? Como vocês podem alinhar essa estrutura, considerando o espírito de "O que é melhor para nós?".
- Terceirização: Vocês dispõem de recursos para terceirizar os papéis que nenhum dos dois quer exercer?

**Dica 1: Limitem os papéis em comum**

Embora a maioria dos casais continue a ter papéis compartilhados depois deste exercício (coisas como fazer o jantar, lavar a louça ou ir buscar os filhos na escola), certifiquem-se de que essa categoria não fique grande demais. Recomendamos não compartilhar mais que 25% dos papéis. Quanto mais vocês compartilharem, maior o espaço para conflitos.

## Dica 2: Generosidade radical

Para que tudo isso dê certo, lembrem-se: sejam sempre radicalmente generosos.

## Passo 3: Criar uma nova estrutura de divisão de papéis

O último passo é trabalharem juntos para bolar uma estrutura de divisão de papéis nova e mais planejada.

| PARCEIRO 1 (Tarefas que você resolve) | COMPARTILHADAS (Tarefas que vocês resolvem juntos) | PARCEIRO 2 (Tarefas que você resolve) |
|---|---|---|
| 1. | 1. | 1. |
| 2. | 2. | 2. |
| 3. | 3. | 3. |
| 4. | 4. | 4. |
| 5. | 5. | 5. |
| 6. | 6. | 6. |
| 7. | 7. | 7. |
| 8. | 8. | 8. |
| 9. | 9. | 9. |
| 10. | 10. | 10. |
| 11. | 11. | 11. |
| 12. | 12. | 12. |
| 13. | 13. | 13. |
| 14. | 14. | 14. |
| 15. | 15. | 15. |
| 16. | 16. | 16. |

Agora que vocês têm uma compreensão mais clara de seus papéis, o passo seguinte na construção de uma estrutura 80/80 é descobrir em que casos é preciso dizer "sim" (suas prioridades) e onde é preciso dizer "não" (seus limites).

## 10. Prioridades: Qual é o "sim" de vocês?

Carrie Dorr parecia ser uma daquelas mulheres a quem não falta nada.
Ela foi criada em Detroit e achava que queria virar advogada. Mas atividade física e a dança sempre foram sua verdadeira paixão. Por isso, mesmo depois de ter conseguido o primeiro emprego em um grande escritório de advocacia corporativa, continuou a dar aulas de dança à noite como atividade paralela. Então, um dia, largou de vez a carreira no direito. Abriu um estúdio dedicado à dança e ao fitness.
Suas aulas faziam sucesso, e em pouco tempo aquele solitário estúdio de dança se transformou em dois, depois em dez, depois em quinhentos. A grande ideia que ela teve foi juntar dança e fitness numa coisa só, sob o nome de Pure Barre — uma das marcas de boutique fitness mais influentes do mundo.
Carrie passou onze anos montando esse negócio. Foi difícil, ocupava muito do seu tempo e às vezes a deixava sobrecarregada. Mas nem de longe foi tão difícil quanto seu grande empreendimento seguinte: criar os filhos junto com o marido, Frank. Três filhos nascidos num intervalo de menos de três anos.

Carrie descreve o desafio daquela situação nova. "Na vida, as coisas vêm juntas num pacote só. Não tem o quadradinho da energia, o quadradinho do casamento, o quadradinho dos filhos, o quadradinho do trabalho. Vem tudo num quadrado só e todo mundo tira alguma coisinha dele todo dia."

Isso não chega a ser novidade. Nos anos 1950, maridos e mulheres já tinham que lidar com tudo num pacote só. A diferença é que não tinha tanta coisa ali dentro. Não existiam dias de trabalho de 24 horas, o "nunca desliga". Não existiam as redes de TV a cabo com notícias de última hora a todo instante. As pessoas não recebiam um fluxo incessante de mensagens, notificações e e-mails de amigos, parentes e gente aleatória tentando vender produtos desnecessários. E com certeza não sentiam a necessidade irresistível de pegar o telefone a qualquer momento do dia — só para surfar nas redes sociais e ver como os amigos estão curtindo a vida ao máximo.

Essa sobrecarga, o caos da vida moderna, explica por que tanta gente, assim como Carrie, sente dificuldade para equilibrar e hierarquizar tudo o que a vida demanda. Quando a esse contexto já sobrecarregado da vida moderna você acrescenta os filhos, a impressão é de que nunca haverá tempo e energia suficientes. Como ela explica, "O maior problema em relação aos filhos é encontrar tempo mental para o cônjuge. Com toda a parte operacional de tocar a casa, a energia é inteirinha sugada. Antes de ter filhos, eu tinha espaço mental o bastante para dedicar muita reflexão ao casamento. Fazia ao meu marido perguntas sobre o pai ou o irmão dele. Agora é simplesmente informação demais, e fica impossível dar conta de tudo. Às vezes a sensação é de um computador que pifou".

Carrie não foi a única a nos falar desse padecimento moderno. Talvez tenha sido a queixa verbalizada com mais frequência pelos casais que entrevistamos. "Não dá tempo", nos disseram. "É coisa demais para fazer." "A corda está esticada demais." "Parece que nunca dá para encaixar tudo."

## A CULTURA DO "DÁ PRA TER TUDO"

Sempre vivemos numa cultura que valoriza o sucesso. Apesar disso, nas últimas décadas a impressão é que estamos em busca de algo que parece ser um sucesso turbinado. É uma aspiração estranha que surgiu recentemente e pode ser resumida pela crença de que "dá pra ter tudo".

Nem sempre foi assim. Antigamente, bastava saber fazer uma coisa direito. Você podia ser um escritor brilhante, um atleta fora de série, um professor inspirador ou um pai ou uma mãe dedicados ao lar — e não os cinco ao mesmo tempo. Com o surgimento do modelo 50/50, porém, não basta mais ser excepcional numa coisa só. Estabelecemos uma nova meta cultural: sermos bons em, digamos, tudo.

Essa meta nova e perversa pesa mais sobre as mulheres. Como explica Gloria Steinem: "Você pode trabalhar em tempo integral, em um trabalho remunerado, desde que continue trabalhando em tempo integral em um trabalho não remunerado. Tem que preparar três refeições dignas de chef todos os dias, criar dois filhos perfeitos, vestir-se para arrasar e, na expressão que li numa revista feminina, ser 'multiorgástica da manhã até a noite'".[1] Isso faz com que as mulheres que trabalham fora sintam culpa por não passar mais tempo em casa, e deixa as donas de casa com a sensação incômoda de que deveriam estar fazendo algo mais para progredir profissionalmente. Assim, a maioria das mulheres tem a sensação de que, para ter sucesso de verdade, é preciso virar uma heroína dos dias atuais — espetacular em todos os setores da vida, sem precisar fazer força.

Esse novo ideal cultural, porém, também é um peso para os homens. Em 2020, no estágio inicial da pandemia do coronavírus, um influenciador comentou no Twitter:

*Se você não sair desta quarentena com:*

*Uma nova habilidade aprendida*
*Uma atividade paralela iniciada*
*Mais conhecimento*

*Não foi por falta de tempo. Foi por falta de disciplina.*[2]

Começar uma atividade paralela, adquirir uma barriga tanquinho e ler a obra completa de Aristóteles, tudo isso durante uma pandemia e uma crise econômica global — por que não? Dá pra ter tudo.

O verdadeiro problema com essa mensagem é que fica impossível definir prioridades. Na época do 80/20, um dos parceiros, geralmente o homem, priorizava o trabalho. O outro, geralmente a mulher, priorizava a criação dos filhos e a gestão doméstica. O marido não se penitenciava por não estar presente em casa de forma plena. A esposa não era alvo de críticas por faltar ao futebol do filho para participar de uma reunião de trabalho — porque não havia reuniões de trabalho para participar. As prioridades eram simples.

Agora, porém, para ter tudo, é preciso priorizar tudo. Howard H. Stevenson, presidente da Harvard Business Publishing, fez uma analogia perfeita. É como "caminhar numa trave de ginástica tentando fazer malabares com um ovo, uma taça de cristal, uma faca e vários outros objetos frágeis ou perigosos".[3] Resumindo, é impossível.

## A VIRTUDE OCULTA DE FRACASSAR NA VIDA

A esta altura, duas coisas precisam ficar claras. Primeiro, na vida conjugal não há como conseguir tudo, sobretudo quando se tem filhos. Segundo, é preciso mudar a abordagem em relação às prioridades. Quem prioriza tudo acaba, na prática, não priorizando nada.

Vejamos o caso de Susan. Talvez você vá se lembrar dela, da introdução. Foi ela que nos disse: "Estou acostumada a tirar nota dez em tudo na vida, mas ando agora com a corda tão esticada que para todos — meu marido, meus filhos, meus subordinados — eu tenho tirado nota cinco, nota seis".

Depois de conversar com Susan, ficamos marcados por sua afirmação de que o que ela faz pelos outros só vale uma nota seis. Quanto mais pensávamos nisso, mais começamos a ver esse boletim escolar inesperado menos como uma confissão de fracasso e mais como um ato de aceitação sensata, um abandono da ideia de que é preciso tirar dez em tudo na vida.

Susan nos ajudou a entender que, ao contrário da escola, onde era possível tirar dez em tudo se você fosse um daqueles alunos acima da média, na vida não tem como gabaritar. A vida se parece mais com uma escola onde você está inscrito em cem matérias diferentes, com aulas o tempo todo, a qualquer hora do dia e da noite. Para passar em todas as matérias, basta pensar em tudo o que você teria que dominar: a aula obrigatória de Como Arrasar no Trabalho,

Como Ser o Amante Ideal 1, a pesquisa em Mestre na Arte Moderna de ser Mãe e Pai Perfeitos, o seminário sobre Ginástica Todos os Dias, o curso de pós sobre Cuidados com Pais Idosos e assim por diante.

O problema maior, na verdade, é que, na vida, tirar dez em apenas uma ou duas dessas matérias na prática impossibilita tirar dez em várias outras. Caso você decida se tornar um superastro do mundo corporativo e tirar dez na carreira, tem que aceitar todas as viagens de negócios, trabalhar à noite e nos fins de semana e passar muito tempo no escritório para ser visto, o que significa que você não terá como ir à escolinha de futebol do filho, ao evento da escola ou à apresentação de piano. A nota dez na carreira o impede de vez de tirar dez em casa. De modo inverso, caso você decida ser um pai ou mãe nota dez entrando para a associação de pais e professores, fazendo um bolo de banana para a feirinha da escola, levando os filhos todas as vezes ao futebol ou à apresentação de piano, sua nota dez como pai ou mãe o impede de vez de tirar nota dez na carreira.

Tudo isso nos traz a uma verdade incômoda da vida moderna. Na vida, não dá para tirar dez em tudo. E sem prioridades claras é improvável que dê para tirar dez em qualquer coisa. Na verdade, sem prioridades, parece que vamos caindo naturalmente na armadilha deixada pela nossa cultura do "dá pra ter tudo": tentar fazer tudo excepcionalmente bem, nos envergonhando, penitenciando e constrangendo quando não conseguimos, e desistindo da ideia de ter qualquer prioridade, reagindo de forma aleatória às demandas que a vida vai apresentando.

Nós acreditamos que existe um jeito melhor de reagir a essa verdade incômoda. E se redefiníssemos o sucesso considerando simplesmente que podemos tirar dez em uma ou duas coisas na vida? E se a grande realização fosse dedicar todo o nosso foco e nossa atenção a uma ou duas coisas? E se estivéssemos dispostos, e até mesmo contentes, a não ir tão bem nas outras coisas?

A atitude básica, aqui, é escolher algumas áreas como prioridade e aceitar de bom grado tirar seis, quatro ou zero em vários outros aspectos da vida. Pode parecer um objetivo estranho, mas na verdade é libertador. Ter consciência de que hoje o melhor que você pode fazer no trabalho é tirar um oito permite que você se livre das garras do perfeccionismo. Saber que seu envolvimento como pai ou mãe na escola dos filhos rende uma nota três permite que você não se sinta culpado ao comprar biscoitos na padaria para a festa de fim de ano. Na verdade, você pode até se considerar acima da média, porque os pais nota três provavelmente nem mandariam biscoitos. Pode parecer maluco. Mas aceitar suas notas seis, quatro ou zero na vida libera mais energia para dedicar a assuntos que sejam mais importantes para você.

Evidentemente, você deve estar pensando consigo mesmo: "Estou ocupado demais para parar e selecionar minhas prioridades". Sem prioridades claras, porém, você está deixando sua vida ser ditada por demandas de amigos não tão próximos, colegas de trabalho, parentes e pessoas aleatórias que talvez você nem conheça. Como afirma Greg McKeown, autor do livro *Essencialismo*: "Quando você não estabelece prioridades na vida, alguém estabelece".[4] Em compensação, com prioridades claras você assume o controle. Propicia a si mesmo coragem e clareza para ser reprovado em algumas matérias da vida, que não têm importância, e tirar uma ou duas notas dez nas matérias que mais importam para você.

Como identificar essas prioridades e alinhá-las com o seu parceiro? Esse é o objetivo do Boletim da Vida. É sua chance de decidir em quais áreas da vida quer brilhar e em quais só quer tirar uma nota para passar, ou até ser reprovado.

## BOLETIM DA VIDA

O objetivo desta prática é oferecer uma oportunidade de avaliar com franqueza suas notas em matérias que abrangem todo o espectro de atividades do cotidiano e do casamento. Primeiro, você vai preencher suas *notas reais*, que refletem seu atual nível de esforço em cada uma dessas áreas. Depois, vai preencher suas *notas ideais*, que refletem suas maiores prioridades. Seja realista. O mais importante é que, ao preencher as notas ideais, você se certifique de que suas prioridades refletem os valores de êxito que vocês compartilham como casal.

### Dica 1: Desista da perfeição
Lembre-se, não tente "ter tudo" para gabaritar na vida. É inútil. Adote como limite a nota máxima em um a três setores.

### Dica 2: Prepare-se para o fracasso
Na hora de pensar em suas notas ideais, não tenha medo do fracasso. Neste exercício, tirar seis, quatro ou zero é bom. A reprovação em algumas matérias libera mais energia para se sair bem nas que forem mais importantes para você.

### Dica 3: Personalize sua lista de matérias
Caso não encontre os assuntos mais importantes para sua vida na tabela que apresentamos, acrescente-os nas linhas em branco.

**Passo número 1: Preencha seu Boletim da Vida individual**

## PARCEIRO 1

| MATÉRIAS | NOTAS REAIS (de zero a dez; deixe em branco onde não se aplica) | NOTAS IDEAIS (de zero a dez; deixe em branco onde não se aplica) | COMENTÁRIOS Se a nota ideal for diferente da nota real, o que é preciso mudar para priorizar ou tirar a prioridade de um tema? |
|---|---|---|---|
| Afazeres domésticos | | | |
| Criação dos filhos | | | |
| Carreira | | | |
| Desenvolvimento pessoal | | | |
| Amigos/tempo com a família | | | |
| Tempo para o casal | | | |
| Espírito comunitário | | | |
| Espiritualidade | | | |
| Viagens | | | |
| Fitness | | | |
| Ativismo político | | | |
| Aprendizagem | | | |
| Tempo de descanso | | | |
| Logística do cotidiano | | | |

| | | | |
|---|---|---|---|
| Total de notas dez (de uma a três, não mais que isso) | | | |

## PARCEIRO 2

| MATÉRIAS | NOTAS REAIS (de zero a dez; deixe em branco onde não se aplica) | NOTAS IDEAIS (de zero a dez; deixe em branco onde não se aplica) | COMENTÁRIOS *Se a nota ideal for diferente da nota real, o que é preciso mudar para priorizar ou tirar a prioridade de um tema?* |
|---|---|---|---|
| Afazeres domésticos | | | |
| Criação dos filhos | | | |
| Carreira | | | |
| Desenvolvimento pessoal | | | |
| Amigos/tempo com a família | | | |
| Tempo para o casal | | | |
| Espírito comunitário | | | |
| Espiritualidade | | | |
| Viagens | | | |
| Fitness | | | |

| | | | |
|---|---|---|---|
| Ativismo político | | | |
| Aprendizagem | | | |
| Tempo de descanso | | | |
| Logística do cotidiano | | | |
| | | | |
| | | | |
| Total de notas dez (não mais de uma a três) | | | |

**Passo 1: Compartilhe seu boletim com o parceiro e certifique-se de que suas prioridades levam ao êxito compartilhado**
Converse com o seu parceiro sobre as prioridades indicadas em suas notas reais e ideais. Os boletins refletem suas prioridades individuais, mas o ideal é que a combinação dos dois boletins também reflita seus valores de êxito compartilhado. Para que isso aconteça, volte a seus valores de êxito compartilhado — é um lembrete daquilo que, para vocês dois, significa triunfar juntos. Reflita, em seguida, sobre estas perguntas:

**Direcionar mais energia para as minhas notas altas nos ajuda a vencer juntos?**
**Dedicar menos energia às minhas notas baixas nos ajuda a vencer juntos?**

O que fazer se os seus valores de êxito compartilhado não estiverem alinhados com suas prioridades, ou se você considerar que as prioridades do seu parceiro são equivocadas? Esse é o momento ideal para discutirem quaisquer ajustes necessários no boletim individual. O objetivo deste exercício não é chegar a duas listas de prioridades individuais idênticas, e sim conectar as duas listas em prol do objetivo maior, que é o êxito compartilhado.

**Dica: Não saia da mentalidade 80/80**

Caso surjam discordâncias ou você se sinta irritado, lembre-se do Revelar e Pedir, e mantenha sempre o espírito de generosidade radical.

## 11. Limites: Qual é o seu "não"?

Era uma vez um marido e uma mulher que viviam em uma próspera terra suburbana. No papel, parecia a vida perfeita: dois filhos, uma casa bonita, dinheiro na conta o suficiente para deitar a cabeça em paz no travesseiro. Era o tipo de casal que enviava aqueles lindos cartões de Natal no fim do ano, com todos na família parecendo tão felizes e simpáticos que você chega a pensar que o lugar deles seria em um anúncio de margarina.

Era um casal cujas prioridades de êxito compartilhado eram muito claras: tirar nota nove no trabalho, nota dez na criação dos filhos, dez no tempo de convivência como casal, e seis, quatro e zero no restante das questões cotidianas. Eles só tinham um problema, uma pequena imperfeição, que estragava a vida deles: não pareciam saber dizer a palavra "não".

Quando, nos momentos de folga do trabalho, o chefe do marido enviava por sms uma série de perguntas sem noção, ele se afastava por dez minutos da partida de Uno para responder, porque é isso que faz todo bom funcionário. Quando a mulher pegava o celular no meio do jogo de beisebol do filho e via uma chamada de um colega de trabalho, ela atendia e passava os vinte minutos seguintes discutindo confusões do escritório, porque é isso que todo bom colega faz.

Quando os pais de ambos ligavam perguntando se podiam ficar hospedados na casa deles por uma semana a mais, o casal dizia que sim, porque receber bem os pais por longos períodos é o que todo bom filho adulto faz. Quando os dois viajavam para a praia, nas únicas férias do ano, e encontravam um amigo hospedado ali perto, abriam mão do jantar a dois e iam tomar um drinque e jantar com esse amigo, porque é o que todo bom amigo faz.

Apesar disso, naqueles raros momentos em que conseguiam um tempinho a sós, a mesma conversa sempre voltava: "Nós falamos que criar os filhos e passar tempo a dois são nossas prioridades máximas. Por que, então, não paramos de tirar nota seis como pais e nota zero em passar o tempo juntos? Por que estamos sempre sobrecarregados pelo cotidiano, sem conseguir fazer o que realmente queremos?".

Eles não são os únicos. Na verdade, esse casal somos nós dois que estamos escrevendo este livro. Esse casal são você e seu parceiro. Até certo ponto, esse casal somos todos nós.

## O PROBLEMA DE NUNCA DIZER "NÃO"

Visto de fora, o problema é evidente: ter prioridades claras não é o suficiente. Não basta saber para o que devemos dizer "sim" no casamento e na vida. Também precisamos de limites, um "não" claro para a maré incessante de tarefas, projetos e propostas que ameaçam nos distrair do que mais importa: nossos valores de êxito compartilhado. Resumindo, não dá para simplesmente dizer "sim" para as coisas que importam; também precisamos dizer "não" para as que não importam.

O problema é que dizer "sim" é fácil. Dizer "não", em compensação, não costuma ser. Quando seu chefe lhe diz "Eu sei que você vai para a praia comemorar seu aniversário na semana que vem, mas será que não dá para botar um vestido por cima do maiô e ficar meia horinha na reunião do Zoom?", é mais fácil dizer "sim" do que "não". Quando seus parentes lhe pedem: "No feriado a gente adoraria dar uma passada na sua casa", é mais fácil dizer "sim" do que "não". Quando o vizinho fala: "Sei que faz poucos anos que você construiu a cerca do nosso terreno, mas este ano eu queria fazer uma melhor, e espero que você tope rachar o custo", é mais fácil dizer "sim" do que "não".

Se você analisar com cuidado esses pedidos, começará a perceber que eles se apresentam sob três formas básicas.

### I. O CONVITE

"Vocês topariam vir jantar em casa no sábado?" "Você pegaria um avião até Orlando para fazer uma apresentação na feira?" "Na próxima quinta, aceita dar uma passada no nosso evento de arrecadação de fundos?" Esses são os sinais de um convite — uma demanda sincera do seu tempo que parece ser a melhor coisa para todo mundo. Às vezes esses convites casam com as suas prioridades. Você os recebe com um "sim" natural que já está na ponta da sua língua. Às vezes, porém, não. Pode ser que o jantar na casa do amigo no sábado atrapalhe seu jantar a dois. Às vezes a viagem a Orlando obriga você a perder a apresentação do filho na escola. Nessas horas, dizer "sim" e deixar de estabelecer um limite claro pode ter um custo alto: suas prioridades.

## 2. O PEDIDO

"Sei que você tem um monte de coisa para fazer, mas será que conseguiria reservar meia horinha para um café semana que vem?" "Quando puder, me dá um feedback sobre a apresentação que montei?" "Você poderia dar uma passada aqui e nos ajudar a tirar uns móveis da garagem?" Esses são os sinais de um pedido — uma demanda do seu tempo que pode não ser o melhor para você, mas seria de grande valia para a outra pessoa. De novo, às vezes faz sentido dizer "sim": são pedidos fáceis de atender. Também pode ser um jeito de ajudar e contribuir para a vida alheia. No entanto, ao dizer "sim" a um número excessivo de pedidos, rapidamente não sobra tempo para o que é mais importante para você e seu parceiro.

## 3. A EXIGÊNCIA

"Faz três anos que você não vem nos ver no Natal. Este ano fazemos questão." "Não vou poder ir à reunião em Los Angeles no mês que vem. Preciso que você vá no meu lugar." "Você se inscreveu nos encontros da associação de moradores, precisa estar lá na quarta à noite." Esses são os sinais da exigência — a demanda mais impositiva do seu tempo e energia. Pode ser que em alguns momentos faça sentido dizer "sim" a esse tipo de requisição. Uma vez mais, porém, o hábito de nunca recusar, deixando de estabelecer limites nítidos, ou a hesitação em responder claramente com um "não" pode impossibilitar que você se dedique às prioridades que definiu no capítulo anterior.

Pode parecer mais fácil dizer "não" aos convites e mais difícil dizer "não" às exigências. Mas, para a maioria de nós, dizer "não" a qualquer uma dessas demandas por nosso tempo e atenção é difícil do mesmo jeito. O motivo é que é simplesmente mais fácil, pelo menos no curto prazo, seguir o caminho mais simples do "sim" do que estabelecer um limite ao dizer "não". Quando você diz "sim", todo mundo ri das suas piadas, sorri para você e conta aos amigos como você é bacana. Você vira o amigo legal, o vizinho incrível, o bom colega de trabalho.

Já quando você diz "não", o mundo todo vira de cabeça para baixo. Você acaba se sentindo culpado por deixar na mão um amigo, um colega, um parente. Quem recebe o seu "não" espelha esse desconforto. As pessoas ficam chateadas, te olham de um jeito esquisito e podem até fofocar pelas suas costas. E por que não fariam isso? Você acabou de lhes dizer que o seu plano, para a sua vida, é mais importante que o plano delas. Como ousa?

## O "NÃO" MAIS DIFÍCIL

Quando a questão são os limites, existem "nãos" fáceis e "nãos" difíceis. Os fáceis se dirigem a pessoas sem influência real sobre a estrutura do seu casamento. São os amigos que você encontra de vez em quando, os parentes com quem você raramente fala ou os colegas que encontra uma vez ou outra. São pessoas tão afastadas da dinâmica do seu casamento que não representam uma ameaça real ao sistema; em razão disso, com elas fica fácil estabelecer limites.

Mas existem aquelas pessoas ou projetos que representam um problema maior ao estabelecermos limites: são os "nãos" difíceis. O escritor e terapeuta conjugal Stan Tatkin batizou essas pessoas de *terceiros*. Os terceiros podem ser os pais, os filhos e os familiares. Podem ser amigos íntimos ou colegas. Podem ser até eventos e atividades. Resumindo, o terceiro é alguém ou alguma coisa de fora que tenta exercer influência sobre o seu sistema de êxito compartilhado.[1]

Em geral, os terceiros não se enxergam como intrusos. Costumam ter proximidade com um dos parceiros, mas não com o outro. Por isso, do ponto de vista dos terceiros, o convite para um lanche com a família ou a ideia de planejar uma viagem juntos não é uma intromissão; é apenas uma tentativa de se conectar e fazer planos com alguém com quem se importam.

Por que você precisa prestar atenção na influência dos terceiros? Primeiro, porque seus terceiros mais íntimos têm o potencial de romper o delicado equilíbrio de poder entre você e o seu parceiro. Por exemplo, digamos que vocês passem meses procurando a escola ideal para o filho. Aí, bem na hora de assinar a papelada, sua sogra (um terceiro íntimo no seu sistema) tenta demover seu companheiro dessa decisão, dizendo que seria melhor para o neto frequentar a escola que fica a poucos quilômetros da casa dela.

É o cenário perfeito para uma briga de grandes proporções. Por quê? Porque um terceiro acabou de se introduzir em seu sistema de êxito compartilhado. É como uma partida de futebol em que seu time de dois jogadores está prestes a marcar um gol e de repente um torcedor (no caso, sua sogra) pula o alambrado e corre para dentro do campo, transformando o jogo numa confusão.

O segundo motivo para você prestar atenção na influência dos terceiros é que, quando seus limites são tênues, os terceiros entram passando a boiada. Pais, filhos, amigos, colegas, todos têm suas prioridades. Querem que vocês passem mais tempo de suas escassas férias na casa *deles*. Querem que vocês cancelem um jantar a dois para sair com *eles*. Querem que você abra mão de tempo em casal, em plenas férias, para participar da importante reunião de trabalho *deles*. E não é por má-fé, nem se trata de uma tentativa intencional de perturbar sua vida. É apenas interesse em criar uma situação que o faça passar mais tempo com eles.

Por isso, sem fronteiras claras, esses terceiros acabam conseguindo exatamente o que desejam, enquanto você e seu parceiro acabam exatamente com o que não queriam: a sensação de ressentimento e traição que insufla as chamas do conflito.

Tudo isso é para dizer que vale a pena prestar atenção nas pessoas à sua volta que exercem a maior influência externa e mais dificultam que vocês dois estabeleçam limites. Essas pessoas e projetos são os terceiros do relacionamento de vocês. E, mesmo amando-os e sabendo que têm as melhores intenções, se vocês desejam pôr em prática suas prioridades, é preciso dizer "não" às tentativas de perturbar seu sistema familiar.

A ARTE DO "NÃO"

Qual é a melhor forma de estabelecer esses limites? Como você deve dizer "não"? Quando a questão são os "nãos" fáceis, aqui vão apenas algumas das táticas que vocês podem considerar:

- **O "não" de prioridades:** Consiste em dizer "não" e logo em seguida explicar em poucas palavras por que a demanda não se encaixa em suas prioridades de êxito compartilhado. É sincero e eficaz, e às vezes expressar de forma clara as prioridades pode até ser inspirador para o outro. Diga: "Adoraria ir ao churrasco, mas faz meses que não temos um jantar a dois, e para nós é importantíssimo ter esse momento juntos".

- **A tática de procrastinar:** Consiste em você e seu parceiro ganharem tempo, dizendo: "Não resolvemos ainda o que vamos fazer neste fim de semana. Hoje à noite vamos olhar a agenda e aí a gente te avisa se vai dar para ir".

- **A contraproposta:** Consiste em responder com uma alternativa mais adequada às suas prioridades como casal. "Não vai dar para ir à casa de vocês hoje à noite, mas adoraríamos sair para caminhar juntos numa manhã de sábado".[2]

Quando a questão são os "nãos" difíceis — estabelecer limites com terceiros —, as coisas ficam mais complicadas. São situações que exigem um grau mais elevado de cuidado, atenção e vigilância. Afinal de contas, com terceiros é fácil sair da sintonia com seu parceiro e acabar gerando um conflito maior. A demanda do seu irmão, do seu amigo ou da sua sogra pode rapidamente dividir vocês dois, colocando um contra o outro. Por isso, aqui as táticas são ligeiramente mais complexas.

- **Passo 1: Sempre ganhe tempo.** Em se tratando de terceiros complicados, nunca é uma boa ideia tomar uma decisão importante sem falar primeiro com o parceiro. Na verdade, é por isso que o terceiro tem tanto potencial de exercer influência externa no sistema do casal. Portanto, quando surgir um convite, pedido ou exigência delicado, a reação inicial deve ser "Vamos conversar e te retornamos".

- **Passo 2: Converse sobre o êxito compartilhado.** Ao ganhar tempo, você e seu parceiro passam a ter espaço para conversar sobre a seguinte pergunta: "O que é melhor para (insira aqui o nome do seu time)?".
- **Passo 3: Fiquem unidos.** Quando vocês finalmente disserem "não" e estabelecerem o limite, atuem em equipe. A pior coisa que se pode fazer com um terceiro complicado é se mostrarem desunidos e dizer: "Sabe, eu queria muito ir neste fim de semana, mas ela não estava tão a fim". Isso configura mais uma ruptura no sistema do casamento e pode gerar um drama.

Seja um "não" fácil ou um "não" difícil, o objetivo é o mesmo — estabelecer de maneira corajosa os limites que lhe permitem vivenciar suas prioridades.

## A LIBERDADE DE QUEM DIZ "NÃO"

Mais do que ninguém, Geoff Smart compreende a dificuldade de estabelecer limites. Ele é autor de best-sellers e um dos especialistas mais procurados do mundo em estratégias de recrutamento empresarial. Todos os dias ele recebe centenas de e-mails e ligações com propostas tentadoras, pedidos de ajuda e apelos desesperados por uma conversa rápida. Geoff e a esposa, Lauren, têm sete filhos. E isso gera um dilema para ele. Ou ele diz "sim" para tudo o que aparece na sua frente — o que resultaria em menos tempo com os filhos e a esposa — ou estabelece um limite e diz "não", abrindo espaço para viver o que é prioridade em sua vida: passar mais tempo com a família.

Como especialista em comportamento humano, Geoff sabia que não é uma questão de simplesmente dizer que vai priorizar a família. Para concretizar essa aspiração, ele tinha que montar uma estrutura de pesos e contrapesos, além de coisas que servissem de lembrete. Nas palavras dele: "A maioria das pessoas no mundo dos negócios convive com a ideia de que, se o sistema precisar de flexibilização, esta tem que ser no sentido de passar mais tempo no trabalho. Eu decidi fazer o oposto. Organizei meu tempo familiar para ser fixo. Quando há uma sobrecarga no sistema, isso não altera o tempo que passo com minha família. Quem sai perdendo é meu tempo no escritório".

Para pôr em prática essa façanha que vai contra a corrente, Geoff e Lauren montaram um calendário exclusivo para a família, em que bloqueiam os horários reservados para a família e os dois. Também tomaram decisões profissionais difíceis e cruciais para liberar tempo para estarem juntos em família. Em outras palavras, após estabelecer que a prioridade era o tempo como casal e como família, eles reorganizaram a vida e estabeleceram limites claros para proteger essa estrutura.

Contrastando com o lema "dá pra ter tudo", para eles está bem claro que esses limites acarretam certas concessões reais — priorizar uma área da vida significa impactar outras negativamente. Nas palavras de George: "Esse tipo de decisão não é fácil. Você precisa aceitar o fato de que vai ganhar menos dinheiro e vai conseguir menos coisas na carreira ao priorizar a família dessa forma. É puramente matemático".

Casais como Geoff e Lauren projetaram uma vida com limites, o que lhes permite priorizar o tempo a dois e com a família acima de tudo. É a nota dez na vida deles. O projeto que você e seu parceiro vão definir pode, por sua vez, se apoiar em outros valores, que exigirão outros limites e prioridades.

A verdadeira lição que podemos aprender com casais como Geoff e Lauren não é *o que* priorizar, mas *como* priorizar. Para projetar uma vida em comum que reflita suas maiores prioridades, é preciso estabelecer limites, é preciso dizer "não", e talvez seja preciso até reconhecer que seus limites vêm acompanhados por concessões concretas —não dá pra ter tudo. Você pode renunciar a incríveis oportunidades de negócios. Pode se indispor com alguns amigos e familiares. Você pode, nesse processo, até ter que abrir mão de alguns relacionamentos.

Não é algo fácil, e nem sempre é agradável. Mas pense na outra opção. Imagine o que é um dizer ao outro: "Vamos fazer aquela viagem de carro que sempre sonhamos" e nunca fazer. Imagine o que é dizer aos filhos: "Vamos assistir a todos os jogos da escolinha de futebol este ano" e não aparecer em nenhum. Imagine o que é dizer um ao outro: "Este ano, malhar vai ser uma prioridade nossa" e desistir da academia na segunda semana do ano porque vocês estão muito ocupados e têm tanta coisa para fazer. Na verdade, talvez vocês nem precisem imaginar, porque é bem provável que já tenha acontecido. Com a gente, já aconteceu.

Em maior ou menor medida, todos nós já fizemos concessões naquilo que é mais importante para nós, fosse por falta de coragem ou presença de espírito para estabelecer limites claros. Na vida moderna, dizer "sim" quando na verdade queremos dizer "não" se tornou um dos nossos hábitos culturais mais nocivos. O ritmo da vida anda simplesmente agitado demais para simplesmente começarmos a dizer "não" e pararmos de dizer "sim". Precisamos é de um método mais estruturado de proteção dos nossos valores compartilhados junto com compromissos e limites claros.

Imagine o casamento como um barco. Da mesma forma que é possível afundar um barco enchendo-o com excesso de carga, é possível afundar o mais perfeito dos casamentos ficando amarrados ao hábito de viver sem limites, de dizer "sim" quando na verdade se quer dizer "não". Agora, para proteger aquilo que mais importa em seu relacionamento, você terá a oportunidade de refletir cuidadosamente sobre o que vocês querem que continue no barco do casamento e o que é preciso jogar no mar.

---

**O QUE TEM NO SEU BARCO?**  *PRÁTICA 80/80*

Esta atividade é um convite para você pensar em sua vida a dois como um barco. É um exercício dividido em duas partes. Na primeira, você vai desenhar tudo o que carrega hoje nesse barco. Na segunda, vai desenhar apenas as coisas que continuam nele, depois de refletir cuidadosamente sobre o que é essencial e o que não é, e em que áreas da sua vida você deseja estabelecer novos limites.

**Passo 1: O que tem no seu barco agora?**

Passe alguns minutos desenhando (ou escrevendo) com seu parceiro todas as coisas que carregam hoje, como casal, no barco do casamento. Você também pode desenhá-las como caixas de tamanho proporcional ao tempo e energia que consomem. Veja na lista abaixo alguns exemplos de eventos, atividades e compromissos que podem estar no seu barco:

| Carreira | Cuidado com o corpo | Cuidado com os pais idosos |
|---|---|---|
| Atividade espiritual/ religiosa | Leituras | Jardinagem |
| Casais de amigos | Aprendizagens | Uso do celular |
| Amigos (de cada um) | Experiências | Ver TV/filmes |
| Tempo com os pais | Passatempos | Tempo na natureza |
| Viagens com a família | Eventos | Tempo sozinho |
| Outras viagens | Atividade comunitária | Tempo para descansar |
| Esporte | Atividades dos filhos | Sono |
| Finanças | Culinária | Terapia |
| Investimentos | Compra de presentes | Desenvolvimento pessoal |

Agora passe alguns minutos debatendo com seu parceiro:

- Vocês têm algumas dessas coisas em excesso?
- Vocês têm algumas dessas coisas a menos?
- O que seria melhor jogar para fora do barco?

**Dica 1: Êxito compartilhado**
Recorra a seus valores de êxito compartilhado para ajudar nessas decisões.

**Dica 2: Generosidade radical**
Durante essa conversa, não deixe de recorrer — sempre que preciso, sem hesitar — à mentalidade 80/80.

**Passo 2: O que tem no seu barco dos sonhos?**
Agora, é preciso coragem. Para viver concretamente suas prioridades juntos, como seria seu "barco ideal"? O que continuaria dentro do barco se você, destemidamente, reduzisse ou jogasse na água compromissos, atividades, pessoas ou projetos que ameacem afundar o seu sistema? Uma vez mais, desenhe a lista no tamanho proporcional de cada atividade.

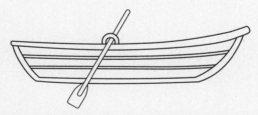

**Passo 3: Liste os limites que vocês dois precisam estabelecer na vida para o barco dos sonhos virar realidade. Escolha de três a cinco.**
Esta é a oportunidade de transformar as ideias surgidas neste exercício em transformações na vida real. Ao lado do seu parceiro, imagi-

ne limites viáveis, que você pode adotar desde já, ou no máximo em uma semana, para impedir que o barco do seu casamento afunde.

Limite 1: _____
Limite 2: _____
Limite 3: _____
Limite 4: _____
Limite 5: _____

    Esperamos que agora você tenha uma ideia mais clara de onde deve dizer "não" para vivenciar suas prioridades de êxito compartilhado. Agora vem a parte difícil: estabelecer esses limites na prática. Para fazer isso, lembre-se de duas coisas que podem ajudar: primeiro, os limites são cruciais para vivenciar suas prioridades de êxito compartilhado. E, embora você possa encontrar resistência em alguns momentos, no fim das contas muita gente respeitará vocês por terem tomado essas decisões difíceis em nome de suas prioridades maiores como casal.

# 12. Poder: Quem está no comando?

Uma banda de rock se parece muito com um casamento. Os membros de uma banda passam a maior parte do tempo juntos. Viajam juntos. De vez em quando, brigam e discutem entre si. E, como no casamento, é preciso achar um jeito de equilibrar a dinâmica de poder que emerge entre o êxito individual e o compartilhado.

Veja o caso de Freddie Mercury, o falecido vocalista do Queen. Durante vários anos, Freddie foi o rosto da banda britânica. Nos shows, era ele o protagonista sob os holofotes. Na capa dos álbuns, ele posava no meio. E na hora do cheque dos direitos autorais, ele recebia bem mais que os companheiros.

Isso não se deu por acaso. Foi proposital. Desde o começo, Freddie estabeleceu uma regra simples, que sustentou o equilíbrio de poder na banda durante vários anos. Como explica o historiador do rock Mark Hodkinson, "Freddie anunciou, com seu jeito impositivo, que ele considerava como autor da música aquele que contribuiu com a letra".[1] Pode não parecer importante. Mas o autor da música não fica apenas com o crédito: ele embolsa metade dos direitos autorais. E os demais dividem o que sobra.

Era um sistema que funcionava bem para Freddie e o guitarrista Brian May, que escreveu a maior parte dos primeiros sucessos da banda. Mas não tão bem para o baterista Roger Taylor e o baixista John Deacon, que escreveram um número menor de canções. Também não era tão bom para a banda. Essa regra acabou criando uma cultura de competição, ciumeira e dissensão. Como admitiu Freddie Mercury no fim da vida: "A regra [da autoria], tenho quase certeza, nos desencorajou a cooperar nas letras durante muito tempo e criou uma tendência de separação na hora de compor".[2]

E então, depois de quase vinte anos fazendo turnês juntos, o destino atuou. Freddie recebeu um diagnóstico devastador: estava com HIV/aids. Depois que ele deu a notícia à banda, os integrantes do Queen chegaram a uma decisão conjunta: era hora de mudar a regra da autoria. Concordaram em compartilhar os créditos entre todos. Olhando para trás, Brian May comentou: "Acho que Freddie e eu oprimimos Roger e John no começo. Como éramos os compositores principais, não demos voz a eles. Agora é totalmente igualitário".[3]

A história do Queen revela como estruturas sutis de poder podem ensejar rupturas maciças no espírito do êxito compartilhado. Naqueles primeiros anos, a banda organizou o poder em torno do êxito individual. Criaram uma cultura de "Quando eu saio ganhando, você sai perdendo" ou, no caso, "Quando meu hit estoura e vai para o topo da lista, eu fico rico e você não". A partir do momento em que essa regra simples foi mudada, porém, toda a estrutura de poder passou a ser de êxito compartilhado. A cultura passou a ser: "Quando eu saio ganhando, todos saem ganhando".

## AS VÁRIAS FACES DO PODER NO CASAMENTO

Ser casado não é exatamente como ser uma estrela do rock. Mas, como veremos, a dinâmica de poder atua da mesma forma em muitos aspectos. No casamento, como no rock and roll, o poder estruturado em torno do êxito compartilhado transforma tudo.

Mas como o poder se configura no casamento? Quando há um desequilíbrio de poder, você tem a sensação de ser controlado por outra pessoa. E não é por uma pessoa qualquer. Você é controlado e arrastado pela pessoa com quem decidiu passar o resto da vida. Uma situação perfeita para gerar conflito e ódio.

Para piorar as coisas, como descobrimos em nossas entrevistas, muita gente tem vergonha de falar de poder. Perguntamos à maioria dos casais como eles lidavam com as diferenças de poder, e a maioria, no início, driblava a questão. Diziam coisas como: "Bem, somos iguais, então não é uma coisa que a gente tenha que enfrentar". Um ou dois minutos depois, porém, contavam histórias de disputa por poder em que um dos dois se sentiu atropelado, desrespeitado ou manipulado.

Por isso, o primeiro passo para compreender a dinâmica de poder de um casamento é expor abertamente essa dinâmica — começar a vê-la com mais clareza. Para ajudar a entender as sutis engrenagens do poder, vejamos alguns exemplos.

Vamos começar com Ben. Ele ganhava mais que o quíntuplo que Shawn, seu parceiro, o que gerou uma dinâmica de poder tóxica, que exercia um enorme estresse sobre o relacionamento. Nas palavras de Ben, "o dinheiro era a parte mais estressante da nossa relação. Nosso cartão era conjunto, e toda vez que ele usava o cartão, *ele* tinha a sensação de estar me explorando. E isso criou uma dinâmica em que ele ficava na defensiva, se achando um parasita. No fim das contas, foi o que acabou com o nosso relacionamento".

No relacionamento de Michaela, sempre foi ela quem teve o emprego de maior prestígio e maior salário. E, como admitiu com relutância para nós, às vezes ela se surpreende usando o status de quem ganha mais para ter um pouquinho mais de influência que o parceiro. "Na hora de decidir aonde vamos nas férias, sou sempre eu que escolho. É estranho verbalizar isso, mas eu penso mesmo: 'Bom, quem está pagando a maior parte da viagem sou eu, então escolho aonde vamos'."

Nos primeiros anos de casamento, Pete ganhava menos que a esposa. Um dia, porém, vendeu sua empresa e, na mesma hora, o equilíbrio de poder se alterou. Ele nos disse: "Quando comecei a ganhar algum dinheiro, tive a impressão de ter mais influência. Um dia, enquanto planejávamos nosso orçamento, cheguei a dizer: 'Esse dinheiro é meu', e minha mulher me lembrou na mesma hora: 'Não é, não. Este é dinheiro *nosso*'".

Michelle é dona de vários salões de cabeleireiro e fatura bem mais que o marido: "Criei um sistema para nós que sempre me dá mais poder, e por algum motivo também sempre senti atração por homens menos poderosos que eu". Michelle admitiu que ao mesmo tempo ela ama e odeia ser mais poderosa que o marido. "O controle financeiro que eu tenho me agrada muito, mas tenho consciência de que isso nos impede de ser mais felizes. Penso o tempo todo: 'Por que não abrir mão de um pouco de poder, por algum tempo, e tirar essa espada da cabeça dele?'."

Essas são apenas algumas das formas como o poder se apresenta nos casamentos. Mas a pergunta verdadeira é:

como ele se apresenta no seu relacionamento? Quais são os conflitos que afloram de um desequilíbrio de controle, do direito de decidir ou dos recursos financeiros?

São perguntas sobre as quais vale a pena pensar enquanto começamos a investigar como organizar o poder de uma maneira mais equilibrada em torno da ideia do êxito compartilhado.

## A FORÇA INVISÍVEL DO PODER NO CASAMENTO

Mas, afinal de contas, o que é o poder? Pensamos nele como uma estrutura de controle que se dá sob duas formas: equilíbrio e desequilíbrio. É pelo poder equilibrado que trabalhamos na estrutura 80/80. Ela permite que os dois parceiros tenham voz, reclamem, compartilhem a tomada das grandes decisões ou abandonem o relacionamento quando as coisas ficam impossíveis de resolver. Um poder equilibrado inclui pesos e contrapesos, além de maneiras de participar juntos das decisões significativas, tudo de modo que o sistema matrimonial leve ao êxito compartilhado.

O poder desequilibrado, em compensação, é o que acontece quando essa dinâmica favorece o tempo todo os interesses de um dos parceiros em detrimento do outro. É um sistema em que só um dos parceiros tem voz, controla o outro, toma as grandes decisões ou tem a capacidade de desencorajar ou até impedir que o outro vá embora. Em suas formas mais insidiosas, é uma dinâmica em que o controle de um parceiro sobre o outro é arbitrário — em que o parceiro dominante, na prática, subjuga o outro nos aspectos maiores e menores.[4]

Quando você tenta esconder do parceiro quanto custou aquela bike BMX nova, com suspensão dupla e peças de titânio que pesa menos que um peru de Natal, há desequilíbrio de poder. Você acaba de ocultar informações vitais sobre suas finanças, impedindo que a outra pessoa compreenda plenamente ou possa criticar sua decisão de fazer essa importante aquisição.

Quando você nunca consulta seu companheiro e, na última hora, conta que está indo se hospedar numa pousada com os ex-colegas de faculdade no fim de semana, há desequilíbrio de poder. Você acabou de tirar das mãos dele a decisão de como passar o fim de semana e, ainda pior, deixou tudo para o outro fazer enquanto você foi viajar sem pedir permissão.

O engraçado com o poder é o seguinte: vendo de fora, muitas vezes parece que um dos dois detém todo o poder e o outro é uma espécie de serviçal, atendendo a todos os caprichos do cônjuge. E, é verdade, existem relacionamentos 80/20 em que isso acontece. Na maioria das vezes, porém, um lance de poder de uma das pessoas leva a outra a retaliar com um lance próprio.

Demos a isso o nome de Lei da Retaliação. Na verdade, é só um jeito pomposo de dizer que, quando você mexe com seu companheiro em uma questão de poder, ele vai mexer com você de volta. Jim e Donna são um exemplo perfeito. Quando decidiram construir a própria casa, no nascimento do segundo filho, Jim cuidou de tudo. Donna precisou ficar alguns dias no hospital. Então, Jim escolheu a região da cidade. Escolheu o terreno. E voltou dizendo: "Já fiz a pesquisa. Confie em mim. É aqui que a gente tem que fazer a casa".

Só tinha um problema. Donna não engoliu bem a forma como foi tomada essa decisão tão importante. Ela se sentiu excluída, como se essa decisão crucial, no fim das contas, fosse *dele*, e nem um pouco *deles*. Por isso, quando chegou o momento dos retoques finais, Donna assumiu tudo. "Já que ele escolheu o local da casa, e já que de qualquer maneira ele está sempre viajando a trabalho", pensou ela, "vou cuidar da decoração do meu jeito." Aí foi Jim que virou espectador de decisões importantes, como a bancada da cozinha, a mobília, a iluminação e os eletrodomésticos. Eles fixaram um orçamento, mas Donna se sentiu no direito de estourá-lo, porque era a vez dela, e não de Jim. Além disso, Jim não a consultara na hora de escolher onde construir a casa. Então por que ela deveria consultá-lo no acabamento da construção?

Essa é a Lei da Retaliação agindo. O que aprendemos com Jim e Donna é que, quando há um desequilíbrio de poder, cada lance se torna uma espécie de ato de uma guerra impossível de ganhar, uma guerra que deixa ambos os parceiros vivendo com algumas das emoções mais desconfortáveis de qualquer vida conjugal: ressentimento, raiva, irritação, medo e raiva. Porque, é preciso admitir, ninguém gosta de ser criticado e controlado na vida. Ninguém gosta que lhe digam o que fazer. E é exatamente isso que acontece e o que sentimos quando há um desequilíbrio na dinâmica de poder.

As pesquisas sobre o poder nos relacionamentos mostram que tanto homens como mulheres relatam, mais ou menos na mesma proporção, já terem tido a sensação de estar subordinados ao parceiro. Essas pesquisas, porém, também mostram que o custo desses desequilíbrios de poder é mais alto para as mulheres. A psicóloga Laina Bay-Cheng, por exemplo, concluiu que homens com pouco poder não parecem se importar tanto com essa assimetria. Também quase não sentem o desgaste real da sensação de serem menos poderosos que as esposas. Para as mulheres de pouco poder, em compensação, o custo é bem mais alto. Ao contrário dos homens de pouco poder, as mulheres relatam serem mais suscetíveis a coerções e até a abusos físicos do cônjuge em razão dessa dinâmica.[5]

Essas pesquisas nos trazem de volta a um tema central do modelo 80/80. Diante do pano de fundo das persistentes desigualdades do 80/20, assim como os homens precisam levar ainda mais longe que as mulheres os limites da generosidade radical, eles têm a responsabilidade especial de fazer sua parte (e mais um pouco) para atingir uma dinâmica equilibrada de poder no casamento.

O PODER DO ÊXITO COMPARTILHADO

Como podemos evitar as disputas de poder e chegar a um reequilíbrio? Voltemos às lições de Freddie Mercury e do Queen. Uma estrutura projetada em torno do interesse egoísta e do êxito individual leva rapidamente a um desequilíbrio de poder. Uma estrutura projetada em torno do êxito compartilhado, em compensação, tem o efeito oposto. Cria um equilíbrio de poder saudável, que permite que a relação prospere.

A melhor maneira de começar a estabelecer essa estrutura de êxito compartilhado é observar algumas das áreas do casamento que tendem a acabar no desequilíbrio. A primeira é a financeira. A segunda é a das tarefas domésticas. A terceira é a sexual.

O restante deste capítulo investiga as duas primeiras questões. Dedicamos o capítulo seguinte à última questão, do equilíbrio de poder na cama.

## PODER FINANCEIRO: O PODER DO BOLSO

Devemos reconhecer: vivemos em um mundo onde o dinheiro talvez seja o indicador máximo de status e poder. Quem tem muito tem mais influência na política, na mídia e até nas conversas diárias do cotidiano.

O mesmo vale para o casamento. Como vimos, muitos casamentos acabam numa dinâmica em que o cônjuge mais bem pago tem uma influência sutil, mas desproporcional, sobre decisões pequenas e grandes: aonde ir nas férias, comprar ou não um carro novo, esbanjar ou não com alguma despesa pessoal extravagante. E a Lei da Retaliação nos diz que, quando um dos parceiros exerce seu poder financeiro, o outro vai retaliar muitas vezes em algo que não tem relação direta com o dinheiro.

Essa constatação da vida moderna, porém, não significa que o objetivo deva ser equilibrar o poder igualando a renda. Em nossas entrevistas, constatamos que muitos casais com uma estrutura de poder equilibrada tinham trajetórias profissionais com rendas radicalmente desiguais. Em alguns casos, um dos dois era o provedor e o outro ficava em casa. Havia também famílias em que um parceiro trabalhava em tempo integral, em um "empregão", enquanto o outro tinha um emprego em tempo parcial.

Observamos casais em que os dois tinham rendas similares e acabaram descambando para uma dinâmica assimétrica de poder. Certo, os dois contribuíam em casa com a mesma quantia. Mas, por algum motivo, isso não era a solução mágica para o problema de poder. Havia algo mais profundo acontecendo, que não podia ser consertado simplesmente com a igualdade financeira.

O que aprendemos é que, embora o dinheiro muitas vezes crie desequilíbrios de poder, não é necessariamente a cura para esses desequilíbrios. A cura, em vez disso, consiste em criar uma nova estrutura de dinâmica de poder visando ao êxito compartilhado — gerir o dinheiro de um jeito que promova, e não prejudique, a vivência de um triunfo em comum.

Como fazer isso? Considere dois princípios centrais. Um deles diz respeito a como vocês economizam dinheiro enquanto casal. A outra diz respeito a como vocês gastam.

PRINCÍPIO I: ÊXITO COMPARTILHADO SIGNIFICA POUPANÇA COMPARTILHADA

Este primeiro princípio é o mais básico e mais essencial relacionado a casamento, dinheiro e êxito compartilhado.

*Para triunfarem juntos, vocês precisam ter um pé-de-meia em comum*

Isso não significa que vocês tenham que rasgar o pacto antenupcial (caso tenham um) e pôr tudo numa conta conjunta. Isso dá certo com alguns casais, mas não com todos. O que estamos falando é que vocês precisam ter pelo menos uma fonte comum de recursos. Afinal de contas, a aspiração ao êxito compartilhado sem efetivamente compartilhar nada é como dizer que gostaria de fazer doações a causas importantes sem doar um centavo na prática. É uma boa intenção sem uma atitude concreta.

Quando a questão é compartilhar recursos financeiros, há três modelos básicos:

- **Tudo junto:** Caso você queira ir a fundo no êxito compartilhado, esse é o modelo que recomendamos. Nesse modelo, tudo é compartilhado: conta bancária, investimentos, contas, dívidas etc. A virtude desse modelo consiste na simplicidade. Ao reunir tudo, estamos assumindo o compromisso de compartilhar tudo, o que é o modelo perfeito para o êxito compartilhado.

- **Montinhos separados:** Alguns casais concluem que cada um precisa ter uma quantia fora de suas contas conjuntas, um dinheiro que possa ser gasto de forma livre, sem ter que se preocupar com a possível reação do parceiro. A melhor forma de fazer isso é usar aquilo que a consultora financeira Priya Malani chama de "montinhos separados" — uma pequena soma reservada por cada cônjuge numa conta individual.[6] Esse sistema é uma espécie de mesada para adultos. Para criar esse modelo, tudo o que precisa ser feito é prever uma transferência automática mensal da conta conjunta para cada um desses montinhos separados de propriedade individual.

- **Contas separadas com um montinho em comum:** Casais que prefiram manter suas finanças separadas podem criar um montinho comum de recursos compartilhados. Essa estratégia funciona como o montinho separado, mas ao contrário. Mantenham as contas individuais e criem uma conta conjunta com o nome do time da sua família. Essa conta será abastecida com transferências automáticas mensais de cada uma das contas individuais. O valor das transferências pode ser o mesmo para ambas as contas, ou, caso um de vocês ganhe mais que o outro, as transferências podem ser proporcionais à renda (por exemplo, caso cada um concorde em contribuir com 5% mensais para o fundo comum, quem ganha 10 mil reais por mês contribui com 500 reais, enquanto quem ganha mil reais contribui com 50 reais).

Recomendamos em especial os dois primeiros modelos — tudo junto ou os montinhos separados — porque são os mais alinhados com o espírito do êxito compartilhado. Quanto mais vocês compartilham, afinal de contas, mais fácil fica vivenciar o conceito central do 80/80: "Quando eu saio ganhando, você sai ganhando".

Mas, mesmo que você não consiga adotar um desses dois modelos, ainda pode dar alguns passos para organizar as finanças e o poder do seu casamento no espírito do êxito compartilhado. A chave é assegurar que vocês tenham pelo menos algum fundo em conjunto — uma forma de garantir que o seu triunfo deixe seu parceiro melhor financeiramente, e que o triunfo dele tenha a mesma consequência para você.

PRINCÍPIO 2: ESTRUTURAR OS GASTOS

O primeiro princípio trata de como economizamos. O segundo trata de como gastamos.

*Crie uma estrutura compartilhada para orientar as decisões de gastos*

Por que criar um método mais estruturado em relação aos gastos? Opiniões divergentes sobre como gastar podem levar a alguns dos conflitos mais feios no casamento. Quando um parceiro compra — de forma unilateral — um jet ski ou um aspirador de pó moderníssimo, isso pode levar a um cabo de guerra pelo poder capaz de se estender por anos.

Há casais sortudos nesse aspecto. Por acaso, os dois têm visões similares em relação aos gastos e raramente ficam enredados nessa batalha financeira. Para outros, porém, conflitos em relação aos gastos podem se tornar a fonte principal de discordância no casamento. Os dois brigam porque um deles gastou demais na última ida ao supermercado: "Por que, afinal, você precisa comprar pasta de amêndoas orgânica de trinta reais?". Brigam porque um dos parceiros acaba de entrar na garagem com uma moto nova: "Você me diz que não tem dinheiro para um lava-louça novo e aí compra isso?".

São brigas que podem sufocar o relacionamento até nos casamentos mais saudáveis. A boa notícia é que existe uma solução direta para esse problema — uma lição que aprendemos com Charles e Rita, um casal bastante consciente do quão explosiva pode ser a disputa pelos gastos. Nas palavras de Rita: "Vejo o tempo todo casais em que um dos parceiros, geralmente a mulher, se sente sob o controle do marido, que tem uma renda maior".

Para resolver esse problema, Charles e Rita passaram a elaborar um orçamento. No início de cada ano, sentam e chegam a um acordo em relação a quanto querem gastar com uma série de coisas. Como nos disse Charles: "É um orçamento que vai a minúcias como minhas roupas, as roupas da Rita, as roupas das crianças, lazer, reparos na casa, férias e corridas de táxi".

É um exercício que pode ser particularmente complicado para o parceiro que ganha mais. Exige que ele seja sensato e generoso. Afinal, é mais provável que seja ele quem vai colocar mais dinheiro. Também exige que ambos concordem em viver com esse teto de gastos.

Apesar disso, os resultados transformaram a vida de Charles e Rita. Eles não brigam por causa de dinheiro. Não se preocupam com quem ganha mais ou quem ganha menos. Não precisam, pois, como Charles comentou, "Por termos um orçamento definido, ninguém se sente controlado. Nós dois participamos da decisão e concordamos como o dinheiro deveria ser gasto".

Na teoria, parece lindo. Mas como montar um orçamento familiar criado para o êxito compartilhado? A atividade a seguir foi projetada para ajudá-lo nesse processo.

## O ORÇAMENTO FAMILIAR PARA O ÊXITO COMPARTILHADO

PRÁTICA 80/80

Caso você e seu parceiro passem por conflitos em relação a gastos e poder, este exercício é para vocês. Foi criado para ajudar na criação de um orçamento familiar para o êxito compartilhado.

### Passo 1: Recorra a seus valores de êxito compartilhado

Analisem as consequências desses valores em termos financeiros. Caso o objetivo seja viajar com mais frequência, de quanto dinheiro vocês necessitam? Caso seja economizar para comprar uma casa, de quanto vocês precisam para dar um sinal? Deixem esses valores — e não seus gastos habituais aleatórios — determinarem dois números cruciais: quanto vocês querem economizar (e para quê) e quanto vocês querem gastar para manter seu padrão de vida.

### Passo 2: Examine seus gastos atuais com uma lupa

Vocês acabam de estabelecer uma meta de gastos com base em seus valores compartilhados. Agora, vale a pena avaliar quão perto vocês estão dessa meta. Para isso, use uma das diversas ferramentas de finanças disponíveis e gere um relatório de gastos atuais. Se possível, calcule tanto o gasto geral anual como o gasto mensal, e discrimine os gastos em categorias como carro, vestimenta, supermercado, comer fora, lazer, utensílios domésticos e viagens.

**Passo 3: Em que vocês devem alterar seus gastos?**
Essa é a pergunta crucial. Para se manter alinhado com seus valores de êxito compartilhado, que alterações nos gastos é preciso fazerem juntos? Uma vez mais, procure tomar essas decisões com base no espírito do êxito compartilhado. Pergunte: "Que mudanças nos gastos são melhores para nós?".

**Passo 4: Elabore um orçamento familiar simples**
Não precisa ser um modelo financeiro complicado. Tudo o que você tem que fazer é registrar, em uma planilha ou outro tipo de documento, aquilo que vocês combinaram em relação às metas de gastos. Podem detalhar o quanto quiserem, com metas orçamentárias específicas para supermercado, comer fora e despesas pessoais. Ou fazer algo mais genérico. Uma boa regra de ouro, porém, é que quanto mais houver conflito em torno de dinheiro, mais detalhado deve ser esse orçamento.

**Dica 1: Como lidar com conflitos**
E se um de vocês desconsiderar o orçamento e gastar demais com roupas, equipamentos esportivos, fins de semana de pesca ou mobília nova para a varanda? Esses momentos são a oportunidade perfeita para praticar o Revelar e Pedir. É um convite para uma conversa franca sobre o que aconteceu e para fazer ajustes estruturais no orçamento, caso seja necessário.

**Dica 2: A mentalidade 80/80**
A esta altura, nem precisamos dizer: generosidade radical, sempre.

## O PODER DENTRO DE CASA: CONTROLE E INFLUÊNCIA NA COZINHA

O poder financeiro tem influência em tudo. Apesar disso, o dinheiro não é a única forma de poder no casamento. A atribuição do dia a dia também é perturbada por questões como quem manda na agenda social, quem escolhe os momentos para dar um tempo e ficar com amigos ou parentes, quem planeja os passeios com os filhos e o calendário das férias, quem arranja tempo para cuidar da aparência, quem decide as viagens do casal (aonde vamos? quando? e por quanto tempo?), assim como incontáveis outras áreas da vida diária aparentemente banais. Tanto quanto o poder financeiro, a maneira de realizar essas tarefas comuns pode levar tanto ao êxito compartilhado como a desequilíbrios de poder que geram conflito e ressentimento.

Que cara tem essa disputa dentro de casa? Em primeiro lugar, é uma disputa por controle logístico. É o que acontece quando uma das pessoas não consulta a outra e toma uma decisão que impacta a família inteira. Caso você faça planos e simplesmente suponha que o papel do parceiro é aceitar enquanto toma conta dos outros problemas do dia a dia — fazer comida, passear com o cachorro, cuidar das crianças, chamar o encanador —, você está exercendo o controle logístico. Seu parceiro pode fazer uma retaliação convidando os parentes para ficar no quarto de hóspedes a semana inteira, ou marcando algum compromisso para o fim de semana, tudo sem consultar você — outra jogada de controle logístico.

Há ainda a luta pelo controle dos fatos e dados básicos, muitas vezes exercido ocultando-se informações relevantes. Esse tipo de poder doméstico pode se manifestar de maneiras sutis e aparentemente inofensivas. Sabendo que seu companheiro detesta futebol e não quer organizar a programação do dia levando em conta o jogo que você quer ver, você pode mexer os pauzinhos no domingo para que coincidentemente cheguem em casa às quatro da tarde, bem na hora do pontapé inicial. Isso é uma forma de abusar desse tipo de controle. Você esconde suas verdadeiras intenções para conseguir o que quer. Essa forma de poder também às vezes assume formas mais radicais, com potencial para esgarçar a confiança no casamento. Quando você usa um cartão de crédito diferente para esconder o preço da roupa que comprou ou quando não conta que foi tomar um café com um ex dos tempos de faculdade, está sonegando informações essenciais ao parceiro. E o pior é que ele nem faz ideia de que isso está acontecendo.

Por fim, existe também a luta pelo controle das tarefas do lar. Você pode estar pensando: "E quem ia querer controlar as tarefas do lar? Toda a luta pelo igualitarismo não é justamente para que o outro assuma o controle de mais coisas?". Mas essa luta pelo poder apareceu o tempo todo em nossas conversas com casais. Muitos parceiros que contribuíam mais reclamaram por ter que fazer muita coisa pela casa, ao mesmo tempo que se apegavam, de forma inconsciente, ao controle dessas tarefas. Uma mulher, por exemplo, nos disse que o marido se sentia injustiçado por ter tanto trabalho contratando babás e diaristas, mas que ao mesmo tempo não se dispunha a conceder o controle e deixá-la cuidar disso. Nas palavras dela: "Quando meu marido se sente injustiçado, respondo que ele não pode apenas se queixar. Precisa me ceder o controle daquela tarefa, mesmo sabendo que eu posso não executá-la com a mesma competência. E por enquanto ele não está disposto a fazer isso".

No fim das contas, esses três tipos de luta por poder doméstico são apenas uma questão de controle. E qual é o remédio para esses desequilíbrios de poder? É o mesmo remédio para os desequilíbrios financeiros: reorganizar a estrutura do cotidiano com base no êxito compartilhado. Trabalhar em parceria no planejamento de ocasiões importantes ou na tomada de decisões importantes. Dizer toda a verdade ao cônjuge. Em alguns casos, pode até ser o caso de chamar o parceiro para aprender a assumir algumas tarefas do casamento que hoje em dia é você quem controla.

Vale a pena observar que abrir mão do controle doméstico é parecido com a transição do igualitarismo para a generosidade radical. Pode ser tenso, apavorante e incômodo. E, apesar disso, esse desapego prepara o terreno para uma estrutura de êxito compartilhado mais equilibrada.

Para dar um gostinho dessa experiência, criamos uma atividade chamada Troca de Poder. É um convite para começar a aliviar o seu controle (em qualquer que seja a área). É uma oportunidade de descobrir por conta própria se a mudança para um controle compartilhado, com êxito compartilhado, ajuda a apaziguar a disputa de poder doméstica.

---

### A TROCA DE PODER

**PRÁTICA 80/80**

Prontos para uma experiência 80/80? Com esta atividade é possível ver com mais clareza a dinâmica de poder no seu relacionamento. Ela também oferece uma oportunidade de ver como seria abrir mão de algumas áreas de poder e controle na vida cotidiana.

**Passo 1: Identificar as áreas de poder**

Eis algumas áreas em que costumam aparecer desequilíbrios de poder: gestão da agenda familiar, logística, criação dos filhos, atividades das crianças, planejamento financeiro, monitoramento de gastos, gestão da casa. Vocês podem até cogitar a inclusão de formas de poder mais emocionais, como quem inicia as conversas, quem faz concessões, quem é mais atento, quem ouve mais ou quem toma a iniciativa no sexo. Reserve um instante para analisar em que áreas seu parceiro detém mais poder e liste-as na tabela a seguir.

**Dica: Caso não esteja conseguindo avançar**
Pense no que aconteceria se seu parceiro desaparecesse de uma hora para outra. Que tarefas você teria dificuldade em gerir ou assumir? Que coisas deixariam de acontecer? Que habilidades você teria que aprender? São essas, provavelmente, as áreas onde ele detém mais poder.

| PARCEIRO 1<br>Áreas em que meu parceiro tem mais poder do que eu | PARCEIRO 2<br>Áreas em que meu parceiro tem mais poder do que eu |
| --- | --- |
| Área de poder 1: | Área de poder 1: |
| Área de poder 2: | Área de poder 2: |
| Área de poder 3: | Área de poder 3: |
| Área de poder 4: | Área de poder 4: |
| Área de poder 5: | Área de poder 5: |

**Passo 2: Escolha uma área de poder para trocar**
Converse com o seu parceiro e escolha um terreno onde vocês poderiam tentar fazer uma troca de poder pelo período de um fim de semana. Isso exige assumir os papéis e as responsabilidades de um dos territórios do companheiro. Caso escolha a área de planejamento de atividades sociais, por exemplo, a troca de poder obriga você a organizar o fim de semana.

> **Dica 1: Evite áreas de muita discordância**
> É um motivo a menos para brigar. A ideia é que seja prazeroso e até engraçado.
>
> **Dica 2: Não complique**
> Escolha algo que dê para trocar com facilidade por alguns dias.
>
> **Dica 3: Generosidade radical**
> Não esqueça: a atitude é tudo. Tente realizar esta experiência como uma forma de expressar amor e uma oportunidade de crescimento. Seja radicalmente generoso até não poder mais.
>
> Quando acabar o fim de semana, conversem sobre a atividade. O que aprenderam? Qual a sensação de abrir mão do controle? Como poderiam reduzir esses desequilíbrios de poder ainda mais?
>
> **Quer uma atividade mais avançada?**
> Torne permanente uma dessas trocas de poder.

A prática de equilibrar o poder no casamento, assim como outras atividades estruturais de êxito compartilhado (divisão de papéis, prioridades e limites), pode não parecer o caminho para uma intimidade extraordinária. Porém, agora que analisamos esses aspectos mais "táticos" da estrutura 80/80, estamos prontos para o derradeiro capítulo sobre o êxito compartilhado. Partiremos agora para aquela que talvez seja a área mais imprevisível, excitante e potencialmente explosiva da vida conjugal: o sexo.

# 13. Sexo: A generosidade orgástica

Blake estava sentado à escrivaninha de seu quarto no alojamento da faculdade, revisando suas anotações para a prova semestral de biologia do dia seguinte. Parecia uma noite de terça como qualquer outra. Pelo menos até a hora em que ouviu aquele *plim* à moda antiga na caixa de mensagens instantâneas. Ele ergueu os olhos para a tela do computador:

**Samantha027:** E aí, o q rola?

Samantha e Blake estavam namorando havia seis meses, desde que começaram o terceiro ano de faculdade. Ele digitou em resposta:

**BlakeDogg4:** Só estudando para bio. Vamos sair?
**Samantha027:** Blz! Trilha até a parabólica atrás do campus?

Meia hora depois, lá pelas onze da noite, eles encostaram as bicicletas e se cumprimentaram com um beijo. Chegaram perto do portão que dava acesso à trilha. Estava trancado e repleto de placas como PROIBIDO PASSAR, PROIBIDO PERMANECER NO LOCAL e ÁREA FECHADA À NOITE.

Samantha foi a primeira a pular a cerca. Blake veio depois. Subiram por uma trilha sinuosa, que atravessava um campo aberto iluminado pela lua. Quando finalmente chegaram ao topo da colina, encontraram um cantinho fora da trilha, onde podiam ficar deitados contemplando as estrelas. A vista, naquela noite, foi inesquecível. O sexo também.

Teve também aquela ocasião quando eles tinham vinte e muitos anos. Já casados havia seis anos, Blake e Samantha decidiram fazer uma viagem a Cozumel para comemorar o aniversário. Passaram os dias juntos, caminhando na praia, dormindo até tarde e explorando a ilha.

Na última noite, foram a pé até uma pequena boate de estilo polinésio a um quilômetro de distância. Em casa, eles raramente dançavam. E raramente ficavam até tarde numa boate. Mas aquela noite foi diferente. O tempo perdeu o sentido. Naquela noite, a música, a vista, a brisa quente do mar e a conexão entre eles foram incríveis. O sexo também.

E teve ainda a última noite. Já casados havia treze anos, Blake e Samantha tiveram dois meninos. Samantha acabara de voltar de uma viagem de trabalho a Chicago. Blake passara a tarde levando os filhos da escola para a aula de futebol e para a aula de trompete, tudo isso enquanto participava de reuniões pelo celular do lado de fora do campo de futebol e mandava e-mails na sala de espera da escola de música.

Com tanta coisa acontecendo, às cinco da tarde Blake mandou um SMS para Samantha: "Vamos desmarcar nossa saída hoje?". Ela respondeu: "Tarde demais para cancelar a babá".

Às nove e meia da noite, depois de jantarem e beberem um pouco, os meninos já na cama, um virou para o outro. Blake balbuciou timidamente: "Então, vamos, hum...".

Samantha deu um suspiro. "Desculpa, amor. É que eu mal tô conseguindo ficar de olho aberto."
"É que já faz duas semanas desde a última vez", queixou-se Blake.
"Tá bom, vamos lá, então", disse Samantha.
Dez minutos depois, os dois dormiam profundamente. Com tanto estresse, tanta coisa para fazer e tão pouco tempo para encaixar tudo, a conexão naquela noite foi só ok. E o sexo também.

O QUE REALMENTE NOS AFASTA

Blake e Samantha não existem. São uma montagem de casais, construída a partir dos problemas concretos contados pelos casais, assim como pelos terapeutas conjugais e sexuais que entrevistamos. A dificuldade enfrentada por eles é a mesma vivida por muitos casais. É o desafio de se agarrar à faísca da intimidade em meio ao caos absoluto da vida familiar moderna.

Nos primeiros anos de um relacionamento, o sexo costuma ser fantástico. Abarca um leque que vai da luxúria induzida pela dopamina, em que um anseia pelo outro, ao sexo transcendente, uma espécie de êxtase espiritual que leva a estados alterados de paixão, conexão e desejo e da pura experiência de se fundirem num único ser.

Mas aí a vida se intromete. O nível de dopamina cai. A realidade da vida a dois engole tudo. Um filho, ou três, também pode entrar nessa conta. E, por algum motivo, o sexo acaba virando apenas mais uma obrigação. Vira mais um item a ser cumprido. É o que sempre ouvimos falar de casais de pais esgotados, ou que dão tudo em nome da carreira, ou que estão sobrecarregados pelas exigências da vida moderna. O fato, porém, de que tantos casais caem nessa seca de intimidade não é indício de alguma espécie de falência conjugal. É só o que acontece quando estamos tão desgastados pelo trabalho no escritório, pelo trabalho em casa, pela criação dos filhos e pela interminável logística do cotidiano que não sobra nada para intimidade.

Só que não tem que ser assim.

Eis, então, a grande pergunta: por que no casamento a experiência do sexo tem que sofrer uma mudança tão drástica? Como é possível que a mais prazerosa e sensual das atividades humanas descambe tão rapidamente da luxúria e da transcendência para virar apenas um item para cumprir?

A resposta fácil, que nos martelam as revistas sofisticadas com modelos photoshopadas na capa, é que isso é um problema sexual. Basta adotar a técnica correta, usar os brinquedos corretos ou representar os papéis corretos para que o sexo volte a ser o que era nos primórdios, transformando-se instantaneamente de banal em sensacional.

Esse ponto de vista convencional só tem um problema: o pressuposto de que em um relacionamento estável o sexo está, de alguma forma, desconectado do resto do cotidiano. A ideia de que o problema é apenas sexual parte da premissa de que o que acontece na cama não tem quase nada a ver com o que aconteceu na cozinha de manhã, no caminho de volta do trabalho ou na fila de carros na entrada da escola. É essa premissa que leva à ideia amplamente disseminada, mas estranha, de que a única coisa faltando para você e seu parceiro terem um sexo maravilhoso é a aula de Kama Sutra, o creme lubrificante sabor cereja ou o vibrador rosa de silicone em forma de coelhinho.

Se tem uma coisa que aprendemos ao conversar com

outros casais e com especialistas e terapeutas sexuais é que essa visão convencional é pura e simplesmente falsa. É impossível isolar o que acontece na cama, em nossos momentos de maior intimidade, do restante do cotidiano. Longe de estar à parte, o sexo está mais para um espelho da vida conjugal. Ora ele reflete a força da nossa conexão, ora reflete nossos recalques, mal-entendidos e mágoas do passado. Nas palavras de Corey Allen, terapeuta matrimonial e familiar que entrevistamos: "Seu jeito de viver é seu jeito de fazer sexo. Seu jeito de fazer sexo é seu jeito de viver".

## PROBLEMAS DO COTIDIANO QUE VIRAM PROBLEMAS SEXUAIS

Se o problema da maioria dos casais não é sexual, o que, então, está transformando o transe eufórico do sexo em apenas mais uma obrigação? Não existe uma solução mágica que resolva a questão de uma vida sexual insatisfatória. No entanto, podemos identificar quatro problemas complexos e interconectados que impedem a nós, pessoas em relacionamentos estáveis, de vivenciar a felicidade sexual dos primeiros anos.

### ESCASSEZ DE TEMPO

A maioria de nós passa o dia fazendo coisas. Estamos sempre ocupados com algo: aprontar os filhos para a escola, disparar e-mails tarde da noite, na cama, do celular, ou encaixando trabalho em janelas de cinco minutos que aparecem durante o dia. Em consequência, não dispomos de espaço na vida, não temos tempo livre no final do dia ou, a rigor, em nenhum momento.

Não estamos passando apenas por uma redução do tempo livre na agenda. Estamos passando por uma redução do espaço mental. Todos esses afazeres, todo esse tempo correndo pra lá e pra cá, grudados no celular, nos deixa em um estado mental confuso — uma sensação paradoxal de conexão e cansaço ao mesmo tempo, em que a cabeça parece girar sem parar.

Esse estado "sempre ligado", e a correspondente falta de espaço no cérebro, destrói na prática a vontade de fazer sexo. A experiência erótica, afinal de contas, exige o oposto. Sexo de primeira exige tempo e espaço de sobra. Isso não combina com o ritmo frenético e o excesso de estímulos do mundo atual, obcecado por trabalho. Como diz Esther Perel, uma das maiores especialistas em sexo do mundo: "O erotismo não combina com eficiência. Ama o desperdício de tempo e de recursos".[1]

Esse padrão é uma epidemia moderna. O percentual de pessoas que faz sexo uma vez por semana caiu de 45% em 2000 para 36% em 2016.[2] Outro estudo sobre sexo no casamento mostra um declínio constante, nesse mesmo período, na frequência sexual no matrimônio e em relacionamentos estáveis, levando alguns a batizarem nossa época atual de "recessão sexual".[3] Quer você seja adolescente, solteiro, casado ou esteja namorando, as estatísticas mostram que hoje você faz sexo em quantidade significativamente menor do que faria vinte anos atrás, na era pré-smartphone.

A questão, aqui, é simplesmente que estamos fazendo menos sexo porque estamos excessivamente ocupados e distraídos para investir na ineficiente, porém única, experiência mútua de fazer amor.

## RESSENTIMENTOS DISSIMULADOS

O ritmo frenético da vida moderna não é a única coisa a culpar pela falta de desejo sexual. Como vimos ao longo deste livro, a mentalidade e a estrutura do modelo 50/50 também provocam o caos na intimidade sexual. Quando estamos o tempo todo marcando pontos de quem contribuiu mais, quem se importa mais, quem se esforça mais, vivemos num estado perpétuo de irritação e ressentimento. Nossos limites e prioridades não ficam claros. E, para completar, é provável que tenhamos uma montanha de problemas emocionais que não revelamos nem sequer discutimos um com o outro.

Esse jeito de pensar, mais o caos cotidiano dessa estrutura, leva a uma sensação inevitável de ressentimento, que vai e vem mas nunca desaparece por completo. Está presente na hora de acordar. Está presente na hora de nos vermos, no fim do dia. E, mais importante, está presente na hora de tirarmos a roupa um do outro. Seu ressentimento em relação ao parceiro no dia a dia não desaparece num passe de mágica na cama. Na verdade, costuma ser ampliado nessas horas, o que só ajuda a apagar qualquer chama de desejo sexual que ainda exista.

Vejamos o caso de Katrina. Ela nos disse que lidar com o ressentimento e os conflitos se mostrou a chave que abriu as portas para uma vida sexual mais vibrante com o marido. "Pelo fato de termos essa higiene rigorosa de passar a limpo nossos conflitos", observou, "sempre tivemos, e até hoje temos, uma vida sexual muito ativa. O engraçado é que ouço o tempo todo as pessoas dizendo que, quando se fica mais de dez anos com alguém, o sexo deixa de ser interessante. E eu penso: 'Bom, isso é você que está falando'." O que aprendemos com Katrina e o marido é que revelar os ressentimentos inevitáveis que surgem na vida a dois é essencial para abrir caminho para uma intimidade maior.

DISPUTAS DE PODER

Já sabemos que dinheiro e poder caminham juntos. O mesmo se aplica a poder e sexo. Na verdade, lidar com o poder na cama pode ser um dos desafios mais complicados do casamento. É um desafio que na maioria das vezes se resume ao seguinte: um parceiro quer, mas o outro não. Parece muito simples. Essa desconexão no sexo, porém, traz à tona todo tipo de dinâmica de poder delicada e complexa.

Do ponto de vista do parceiro mais envolvido — aquele que costuma querer mais sexo —, essa dinâmica cria frustração e mágoa. Toda vez que uma iniciativa é recebida com um "não", a pessoa sente uma pontada de rejeição. É um sentimento que pode levá-la a se retrair — a simplesmente parar de vez de tomar a iniciativa. Ou pode levá-la a agir — a descarregar na outra pessoa de formas que aparentemente não têm relação alguma com a questão, ou buscar prazer em outro lugar, seja na pornografia ou, em casos extremos, em um relacionamento extra.

Do ponto de vista do parceiro menos envolvido, porém, é igualmente complicado, se não mais. Uma entrevistada nos disse: "Quando digo 'não' ao meu marido, primeiro eu me sinto culpada, como se estivesse fazendo algo errado. Mas depois eu fico revoltada. Penso comigo mesma: 'Meu papel não é estar à sua disposição'." Essa dinâmica se complica ainda mais quando levamos em conta a bagagem histórica dos papéis de gênero tradicionais. Quando o homem sente mais desejo e a mulher menos, também é preciso lidar com o peso de séculos de opressão sexual feminina.

É uma dinâmica complexa, em que o parceiro mais envolvido fica no papel de proponente, e o menos envolvido no papel do decisor. Ambos são papéis de poder. O proponente exerce seu poder ao tomar a iniciativa. Porém, o decisor também exerce poder. Como nos disse uma entrevistada sobre essa dinâmica: "É fácil usar o sexo como arma, um instrumento de poder. Na esfera sexual, a decisora sempre fui eu. Como tinha menos desejo, era sempre eu que resolvia".

Esse problema tem um nome técnico pomposo no campo da psicologia: discrepância de desejo sexual, ou DDS. As pesquisas mostram que, no decorrer de um mês qualquer, 80% dos casais em relacionamentos de longo prazo vivenciam algum tipo de discrepância sexual em relação ao parceiro. Essas pesquisas também indicam que discordâncias causadas pela discrepância sexual podem ser extremamente desestabilizadoras e difíceis de resolver.[4]

EXPECTATIVAS DESIGUAIS

Uma das conversas mais fascinantes que tivemos sobre sexo no casamento foi com uma blogueira cristã que fala de sexo sob o pseudônimo de J. Parker. Ela criou seu blog, Hot, Holy and Humorous (algo como "Safada, Santa e Sacana") depois de uma infância em uma família cristã cuja mensagem principal nos assuntos de sexo era bem simples: NÃO. Em suas palavras, "Não faça, não comente, nem sequer pense nisso". Depois de casada, J. Parker se deu conta de que nem sabia o que pensar em relação ao sexo. Também se deu conta de que não era a única — muitas mulheres de famílias cristãs também lidavam com mensagens confusas sobre sexo.

Perguntamos a Parker onde estariam, na visão dela, as causas dos problemas sexuais dos casais. Ela citou a falta de conexão. Citou as disputas de poder que analisamos antes. Mas também citou o problema das expectativas desiguais em relação ao sexo. Como ela explicou, "O que vejo é que a pornografia e o erotismo mudaram nossa expectativa em relação ao parceiro. Fica a impressão de que todo mundo está a postos para fazer sexo a qualquer hora. Criou-se uma cultura de expectativas irreais".

Há cada vez mais evidências embasando a preocupação com o impacto da pornografia no romantismo dos relacionamentos.[5] Mas a questão, nesse caso, é mais profunda. O verdadeiro problema é que nossas expectativas em relação ao sexo não casam com as do nosso parceiro. Um dos dois pode encarar o sexo com a expectativa de que seja selvagem, ruidoso e às vezes até um pouco pervertido. Enquanto isso, o outro pode encará-lo com a expectativa de ser abraçado em vez de ser agarrado; amado, em vez de estapeado.

O verdadeiro problema, porém, não é tanto a diferença de expectativas — que é previsível quando lidamos com um tema tabu como o sexo. A questão é que muitos casais sentem dificuldade em conversar abertamente sobre essas expectativas. Não há nada de errado no sexo selvagem. Não há nada de errado no sexo carinhoso. Não há nada de errado em ter fantasias loucas. Mas o problema é quando não conseguimos falar sobre isso abertamente. O resultado é uma desconexão que, como qualquer outra, vai afastando os casais e torna a satisfação sexual ainda mais distante.

## É TUDO UMA QUESTÃO DE CONEXÃO

Se existe um tema específico relacionado a essas quatro barreiras para o sexo é a falta de conexão. Todos esses problemas nos afastam de uma maneira específica. E, quanto mais nos afastamos, menos tesão sentimos.

Por que a conexão pode abrir ou fechar as portas para um sexo espetacular? O sexo é o ato conjugal mais sagrado, puro, nu e exposto. Na hora em que nos despimos completamente e nos fundimos, não é possível esconder mais nada. Estamos conectados da forma mais profunda e íntima que existe.

Sem uma conexão emocional profunda, prevalece uma vontade inconsciente de evitar tamanha proximidade. Quando há um estado de desconexão, dá-se preferência a ficar na internet em vez de viver a vulnerabilidade e abertura do ato sexual. É mais confortável assistir TV ou trabalhar dia e noite do que seduzir a outra pessoa e levá-la para a cama.

Quando a conexão se aprofunda, porém, essa barreira emocional começa a desaparecer. O sexo surge como uma forma natural de expressar amor e conexão. Você deixa de querer navegar por notícias ou blogs aleatórios quando se deita com o companheiro na cama. Você só quer rolar abraçado com ele. Não quer passar a noite limpando a caixa de e-mails. Prefere fazer sexo maravilhoso com aquela pessoa amada.

## O GUIA 80/80 DO TESÃO

Não é fácil manter uma vida sexual satisfatória para além daqueles primeiros anos de casamento turbinados pela dopamina. Exige um esforço concreto. Porém, traz enormes recompensas. O sexo é a expressão máxima da conexão e do amor. Ajuda a permanecermos juntos, sintonizados e amorosos um com o outro. Sem falar no fato de que, quando dá certo, o sexo é uma das coisas mais divertidas, prazerosas e espiritualmente sublimes que podemos fazer na vida.

Por isso, vale a pena pensar com carinho em como permitir que esse ato dos mais sagrados prospere. No casamento 80/80, descobrimos que existem dois passos cruciais para reencontrar o caminho do sexo sensacional. O primeiro é resolver os problemas ligados ao cotidiano que atrapalham o tesão. O segundo é atacar os problemas de ordem sexual, como uma dinâmica de poder assimétrica e expectativas desiguais.

PASSO I: RESOLVER OS PROBLEMAS LIGADOS AO COTIDIANO

Como mudar o jeito de pensar e a estrutura do dia a dia para aprofundar a conexão com o parceiro e melhorar o sexo? A esta altura, a resposta deve estar bem clara. É tudo o que temos investigado neste livro. É o modelo 80/80.

Esse modelo nos propicia a mentalidade, a estrutura e as ferramentas para atacar os problemas ligados ao cotidiano que possam nos impedir de vivenciar um sexo melhor. Pense no primeiro problema, a escassez de tempo — a sobrecarga da vida moderna e a falta de espaço mental para a intimidade que vem junto com ela. Os livros sobre sexo no casamento propõem todo tipo de solução para o problema da escassez de tempo, como reservar uma noite romântica toda semana ou, como recomenda Esther Perel, criar um espaço a dois sem restrições: por exemplo, da noite de sexta à manhã de sábado ou um fim de semana inteiro para que vocês possam se desconectar totalmente do mundo, pirar um pouco como quando eram mais jovens, deixando a ineficiente porém sublime experiência do erotismo e do sexo surgir de maneira orgânica.[6]

São dicas fantásticas. Porém, pôr isso em prática é impossível sem resolver duas questões estruturais mais profundas que já examinamos aqui: a falta de prioridades claras e a incapacidade de estabelecer limites claros.

Estarmos ocupados demais para fazer sexo de qualidade não é um defeito inevitável da vida contemporânea. É uma questão de prioridade. Nossa cultura priorizou a realização em vez da conexão, a produção e não a união. A chave para reverter esse padrão é transformar o tempo juntos, como casal, em prioridade — organizar a vida com base em um valor que diz "Se tivermos que escolher entre terminar essas tarefas e ficarmos juntos deitados na cama sem fazer nada produtivo, escolhemos a segunda opção".

As prioridades nos fazem recordar o valor inestimável do sexo e da conexão. Os limites protegem esse valor. Fazer um acordo para não usar o smartphone ou o tablet na cama é um limite que protege a intimidade. Fazer um acordo para não passar o jantar romântico inteiro discutindo logística é outro limite criado para proteger o espaço de intimidade. Fazer um acordo para, às nove da noite, parar de trabalhar e ir para a cama com o outro eis mais um limite que incentiva a intimidade.

Temos, então, o segundo problema sexual ligado ao cotidiano: os brochantes ressentimentos não revelados. Do ponto de vista do modelo 80/80, a melhor maneira de desanuviar os ressentimentos na cama é desanuviá-los *a vida inteira*, de maneira que o sexo reflita uma vida vivida com base em um espaço de generosidade radical e uma estrutura de êxito compartilhado. Para desanuviar os ressentimentos no cotidiano, podemos mais uma vez recorrer às ferramentas do modelo 80/80. Em vez de ficar marcando pontos e vendo tudo que o parceiro faz pela ótica do igualitarismo, mude para o mindset da generosidade radical. Em vez de evitar as conversas delicadas e pisar em ovos para dizer verdades incômodas, presenteie seu casamento com um Revelar e Pedir bem claro que lhes permita recuperar a sintonia. Em vez de deixar seus hábitos inconsistentes criarem uma estrutura de caos e confusão, passe para a clareza da divisão de papéis e da estrutura do êxito compartilhado, que farão vocês se sentirem mais como uma equipe.

Essas são transformações que levam à conexão na vida. E, como vimos, a conexão até mesmo nos aspectos mais banais — lavar a louça, comprar manteiga no mercado ou ir buscar o filho na aula de piano — se reflete em conexão na cama. Que, por sua vez, se reflete em sexo melhor.

As pesquisas sobre sexo no casamento sustentam essa surpreendente conexão entre como lidamos com a logística do cotidiano e como nos relacionamos na cama. O sociólogo Daniel L. Carlson, por exemplo, concluiu que os casais com estruturas equilibradas de poder fazem sexo mais e melhor do que os casais tradicionais 80/20 ou casais em que a mulher contribui mais. Nos relacionamentos mais equilibrados, comenta ele, "Não é 'Você faz o seu e eu faço o meu'. Exige cooperação, boa comunicação e boa coordenação. E isso fortalece os laços".[7]

É por isso que a mentalidade e a estrutura do modelo 80/80, apesar de não parecer sexy, é importante. É por isso que tratamos de sexo depois dos capítulos sobre a logística e a estrutura da vida conjugal. Refletir sobre a divisão de papéis, as prioridades, os limites e o poder talvez não desperte o desejo sexual, pelo menos não no primeiro momento. Mas simplificar a estrutura do cotidiano permite que você passe menos tempo perdido no caos, no drama e no ressentimento dos problemas de logística do dia a dia e mais tempo próximo e conectado ao cônjuge. Quando isso acontece, como nos informam as pesquisas e o bom e velho bom senso, aumenta muito a probabilidade de você querer seduzir o seu parceiro.

Um último ponto. Não queremos vender para você, aqui, um ideal falso. A outra ideia que obtivemos das entrevistas com os casais sobre vida sexual é que até os parceiros mais conectados têm períodos de seca ou períodos de sexo como "função a ser cumprida". O sexo não é uma experiência que possa ser controlada ou planejada com precisão absoluta. É mais como uma obra de arte criativa. Às vezes é espetacular. Às vezes não é grande coisa. É assim, simplesmente.

Quando a conexão é profunda, porém, a maioria dos casais relata que passa menos tempo cumprindo uma função e mais vivenciando estados poderosos de prazer e amor.

### Qual é a sua rota 80/80 para um sexo melhor?

A esta altura, já deve ter ficado claro que seu jeito de lidar com a logística cotidiana afeta sua experiência na cama. Antes de seguir em frente, talvez valha a pena refletir com o seu parceiro sobre a seguinte pergunta: que prática 80/80 tem mais potencial para melhorar a vida sexual de vocês?

Cada casal, provavelmente, terá uma resposta diferente. Pode ser definir limites mais firmes, que abram espaço efetivo para a intimidade. Pode ser uma redução da dinâmica de poder, de modo que vocês sintam menos ressentimento e mais desejo. Pode ser uma divisão de papéis mais clara, para que acabem as picuinhas mútuas e brigas para decidir quem leva o lixo para fora. Ou pode ser uma mudança de mentalidade, como a prática da generosidade radical, o reconhecimento ou a revelação dos problemas assim que eles aparecem.

PASSO 2: RESOLVER OS PROBLEMAS RELACIONADOS AO SEXO

Agora pense nos dois problemas mais intimamente relacionados ao sexo em si. O primeiro é o das disputas de poder na cama, que nasce das diferenças entre os níveis de desejo sexual.

Como você pode equilibrar melhor sexo e poder? A resposta é parecida com a que propusemos no capítulo anterior, ao discutir dinheiro e poder. Quando um parceiro detém o poder de ditar como vocês gastam dinheiro, a solução é adicionar um pouco mais de estrutura — neutralizar o poder de quem ganha mais elaborando juntos um orçamento.

Os mesmos princípios se aplicam ao equilíbrio de poder entre a pessoa com mais tesão e a pessoa com menos tesão. Resumindo, a chave é um pouco mais de estrutura e generosidade radical na decisão de fazer sexo ou não.

### Como pôr fim à disputa de poder na cama

Existem quatro estratégias para acabar com a disputa de poder relacionada ao sexo.

*Estratégia 1: sexo com hora marcada*

Para muitos casais, a simples ideia de marcar a hora do sexo parece a coisa mais brochante que pode existir. Afinal de contas, sexo é algo espontâneo, impulsivo e imediato. Não deve ser reduzido a mais um compromisso no calendário. Mas marcar a hora do sexo não tira necessariamente o componente erótico. Não é uma questão de mandar, quinze minutos antes, um lembrete por e-mail com o título "Vamos trepar". É uma questão de estabelecer janelas de tempo abrindo espaço para que momentos eróticos surjam de forma orgânica. Pode ser uma hora ou duas reservadas para conexão. É como refazer o caminho para um lugar há muito não visitado. Caso você tenha ainda mais flexibilidade, pode ser uma noite a dois sem hora para acabar, ou um fim de semana longe dos filhos. Encare menos como um compromisso de trabalho na agenda e mais como um tempo reservado para um caso com seu cônjuge.

*Estratégia 2: o desafio sexual*

Tony e Alisa DiLorenzo, autores do livro *Sete dias de desafio sexual*, nos apresentaram a esta ideia:[8] reorganizar o cotidiano em torno do sexo, fazendo sexo todos os dias durante uma semana, um mês ou até um ano. Tony e Alisa decidiram fazer essa experiência porque estavam perdendo a conexão. Resolveram ir com tudo, encarando um desafio de sessenta dias — uma experiência audaciosa, à qual eles atribuem a salvação do casamento.

Depois disso, eles constataram que basta o desafio de uma semana para atingir um efeito semelhante. O motivo? Como nos disse Alisa, "ao botar o sexo na roda todos os dias, ele deixou de ser um instrumento de poder. Não tinha mais uma batalha em torno de 'Será que eu quero?' ou 'Será que eu não quero?'. E isso nos forçou a recomeçar a nos conectar".

### Estratégia 3: *generosidade orgástica*

Essa prática une o sexo e a generosidade radical como forma de esvaziar a disputa por poder. Pense nela como "generosidade orgástica". Uma entrevistada nos disse que essa forma de aplicar a generosidade radical ao sexo transformou o casamento dela: "Assumi um compromisso voluntário de estar à altura da energia sexual dele. Meu marido, por sua vez, assumiu o compromisso voluntário de segurar a onda para estar à altura da minha. Ambos fizemos um movimento em direção ao outro, por considerar um modo fundamental de manter a conexão".

O que ela está descrevendo é a regra 80/80 aplicada ao sexo. É ir além do limite do igualitarismo, que para nos 50%. Para o parceiro com mais tesão, isso significa mais delicadeza ao tomar a iniciativa, adaptar-se a uma frequência menor e ser generoso ao ouvir um "não". Para o parceiro com menos tesão, isso pode representar abrir-se mais à possibilidade de seu parceiro seduzir você, mesmo que no começo você não tenha tanta vontade. Ou pode significar perguntar "Por que não estou a fim?" e revelar questões ou ressentimentos mais persistentes, para aí então reconectar-se. Resumindo: a generosidade orgástica é um movimento em direção ao outro, no âmbito do desejo sexual, levado pelo espírito de generosidade.

Estratégia 4: *transformar a rejeição em planejamento sexual*

O que quer que você faça, sempre haverá horas em que um deseja mais sexo e o outro não. Nesse caso, existem dois jeitos de dizer "não". O primeiro é simples: "Hoje não, amor. Não estou a fim". É um "não" que faz o parceiro receptor ter a sensação de pura e simples rejeição. O segundo é dizer "não" e propor outra hora em que talvez você queira fazer sexo. Mais ou menos assim: "Hoje bateu o cansaço, mas amanhã à noite sim".

Pode parecer sutil. Mas para o parceiro com mais tesão, a segunda reação pode mudar tudo. Amortece o impacto da rejeição. Também elimina a incerteza que vem do "não" puro e simples. Acaba com pensamentos como "Isso quer dizer que vamos ficar a semana inteira, o mês inteiro, o ano inteiro sem sexo?".

Qual dessas estratégias seria melhor para turbinar sua vida sexual? Recomendamos que conversem a respeito dessa pergunta, e então experimentem as estratégias que parecerem melhores para ambos.

REVELANDO SUAS EXPECTATIVAS EM RELAÇÃO AO SEXO

Vamos tratar agora do último problema relacionado ao sexo: as expectativas desiguais. Pode parecer uma questão nova, um dilema fora da estrutura do modelo 80/80. Mas, quando analisamos mais de perto, é apenas um problema de revelação relacionado ao sexo — que retoma as ideias centrais do capítulo 7, em que examinamos o melhor jeito de lidar com os buraquinhos e buracões que surgem no casamento.

Assim como muitas vezes é difícil revelar mal-entendidos ou mágoas no cotidiano, diversos casais sentem dificuldade em conversar sobre sexo abertamente. É complicado pedir o que você de fato quer na cama. É bem mais fácil continuar fazendo o que vem fazendo há anos. É arriscado compartilhar uma fantasia nova que você quer explorar. É mais fácil fingir que tudo anda às mil maravilhas. É dificílimo contar ao parceiro que o que ele faz não está tão bom para você. Mas conversas difíceis assim são cruciais para aumentar sua satisfação sexual.

Assim como seus problemas emocionais não resolvidos, as expectativas não expressadas no sexo criam rupturas lentas e sutis na conexão. A cada verdade microscópica calada esse fosso aumenta. A conexão vai diminuindo. E o sexo vai se tornando, lentamente, apenas mais uma obrigação.

A solução para o problema das expectativas desiguais é a mesma do capítulo sobre a revelação. Talvez não seja divertido. Você pode sentir medo ou irritação. Mas descubra o que acontece quando você se força a sair da zona de conforto e começa a compartilhar desejos, preferências, fantasias e expectativas em relação ao sexo.

Dar início a essa conversa pode ser bastante difícil para muitos casais, principalmente os que passaram anos evitando o assunto. Por isso, para alguns, é útil usar um pouco mais de estrutura. Em vez de simplesmente revelar questões ou demandas à medida que aparecem, pode ser útil explorarem juntos as questões a seguir.

## VAMOS (FINALMENTE!) FALAR DE SEXO

PRÁTICA 80/80

Use estas sugestões para dar início à conversa sobre sexo. Enquanto se alternam respondendo a cada pergunta, lembrem-se de falar e escutar adotando um espírito de generosidade radical.

**Dica 1: Escolha a hora certa**
Se tudo correr bem, falar sobre sexo costuma levar a um aumento da conexão e da energia sexual. Por isso, guarde essa conversa para uma noite a dois ou algum outro momento em que você e seu parceiro possam passar facilmente da teoria para a ação.

**Dica 2: Generosidade radical**
Como sempre, generosidade radical, só que agora de um jeito sexy.

Vamos às perguntas.

**Como faço para saber se você está a fim?**
**Tem alguma coisa que eu faço nas preliminares ou no sexo que te esfria?**
**Tem alguma coisa que eu faço nas preliminares ou no sexo que te excita ou que você gostaria que eu fizesse mais?**
**Você tem alguma fantasia que quer experimentar junto?**
**Me conta a sua lembrança favorita e mais inesquecível fazendo sexo comigo.**
**Faz de conta que você pode criar a noite de sexo mais incrível e delirante possível. Como seria?**

**Quer uma prática mais avançada?**
Pegue a última pergunta e transforme-a de imaginação em realidade.

> Use as suas respostas como base para criarem uma noite inesquecível juntos.

Queremos falar de mais uma questão sobre sexo. Não somos especialistas, e este livro não é sobre esse assunto. O *casamento 80/80* trata de como otimizar o mindset e a estrutura da vida a dois para aproveitar ao máximo o casamento. E ocorre que, quanto mais estamos conectados no cotidiano, mais conectados ficamos na cama, nos momentos mais íntimos.

Também vale a pena recordar que, mesmo entre os casais 80/80 mais intimamente conectados, o sexo pode ser frustrante e complicado. O sexo tem uma energia poderosa. É uma atividade imprevisível, que suscita emoções às vezes bastante intensas.

Tudo isso é para dizer que o sexo é tão complexo que um só capítulo não vai dar conta de tudo o que é preciso saber. Caso queira mergulhar mais fundo no mundo do sexo e dos relacionamentos, consulte as referências que indicamos no apêndice. E caso você e seu parceiro estejam passando por dificuldades na vida íntima que podem parecer intransponíveis e insolúveis, recomendamos buscar auxílio de um profissional qualificado.

Mais do que tudo, vale a pena lembrar que encontrar dificuldades na cama não significa que você esteja fazendo alguma coisa errada. Significa que você e seu parceiro são um casal como a maioria. Vocês estão fazendo o melhor possível para descobrir como lidar com a imprevisibilidade e a complexidade do desejo sexual.

PARTE 4
COMO VIVER UM CASAMENTO 80/80

# 14. Resistência: O parceiro relutante

*Observação: Você está prestes a ler um capítulo sobre o que fazer caso seu parceiro esteja relutando a se engajar no modelo 80/80. Este capítulo parte da premissa de que seu relacionamento é relativamente estável, livre das formas mais extremas de coerção, de impedimentos à separação e de abuso físico ou emocional. Caso você esteja passando por alguma dessas questões graves, as ferramentas deste capítulo provavelmente não ajudarão, e nossa sugestão é buscar ajuda especializada. Caso, no entanto, seu relacionamento seja estável e você esteja incomodado por seu parceiro se envolver pouco, este capítulo foi feito exatamente para você.*

Vamos conhecer Josh e Melissa. Josh tem um emprego em tempo integral como assistente médico. Melissa tem dois empregos. De dia, é professora de ciências do ensino médio; de noite e nos fins de semana, é gerente-geral de operações da família, cozinheira, faxineira e planejadora de eventos.

Um sábado típico do casal é assim:

**5h25:** Melissa ouve a filha de cinco anos se esgueirando no quarto do casal. "E eu que achei que ia dormir até as sete", pensa. Ela se levanta para ler historinhas para a menina e deixa Josh dormindo.

**6h30:** Melissa bota roupa para lavar, faz o planejamento das refeições da semana e elabora a lista de compras. Josh ainda está dormindo.

**7h40:** O sábado de Melissa já começou faz duas horas. Josh se levanta.

**8h:** Melissa desfruta de sua única hora livre do dia. Sai para caminhar com uma amiga, enquanto Josh começa o que chama de "dever paterno": fazer panquecas de chocolate para os filhos.

**8h14:** Com menos de um quilômetro de caminhada, Melissa recebe duas mensagens de Josh: "Tem outra caixa de massa de panqueca?" e "Acabou o leite?". Ela interrompe a conversa para responder.

**9h:** Melissa volta e encontra uma bagunça de restos de massa de panqueca e xícaras de leite e suco de laranja pela metade. Josh sai para a academia, enquanto ela arruma a bagunça.

**11h30:** Melissa leva o filho para a escolinha de futebol e deixa a filha na casa de uma amiga. Josh fica vendo um jogo na TV e envia alguns e-mails nos intervalos.

**14h:** Melissa leva os filhos ao shopping para comprar roupas e depois vai ao supermercado. Josh tira uma soneca no sofá.

**16h30:** Mesmo detestando futebol, Melissa liga para os pais de Josh para planejar um churrasco na hora do jogo de domingo. Josh ainda está no sofá. Pesquisa na internet uma raquete de tênis nova.

**20h30:** Melissa passa 45 minutos aprontando as crianças para dormir, ajudando-as a escovar os dentes e lendo histórias para elas. Josh aperta ENTER em sua grande compra de raquete.

**21h10:** Josh aparece no quarto para brincar de cabaninha com as crianças.

**21h45:** Josh e Melissa se deitam na cama. Josh confere as redes sociais e os placares de futebol no aplicativo do celular. Melissa está envolvida na leitura de uma obra sobre casamento que a deixa encantada. Diz a Josh: "Acho que este livro tem algumas ideias que podiam ser úteis pra gente. Se eu marcar os trechos principais para você, a gente pode conversar sobre isso alguma hora?". Josh tira os olhos do celular por um momento e diz: "Ai, amor, adoraria, mas eu ando muito ocupado com o trabalho".

Melissa responde "ok", mas no fundo sente um misto de raiva e irritação. Fica com vontade de dizer algo. Mas não quer ter de novo a mesma briga, hoje não. Então vira para o lado e dorme.

## O PROBLEMA DO PARCEIRO RELUTANTE

Josh é o estereótipo do parceiro relutante. É apaixonado por Melissa. Ama viver com ela. Só não é lá muito prestativo, e tampouco está interessado em livros, atividades e conversas sobre como melhorar as coisas. Isso é coisa da Melissa.

Josh e milhões de pessoas como ele são parceiros relutantes por dois motivos. O primeiro é que Josh e Melissa se acomodaram numa dinâmica clássica de contribuição a mais e contribuição a menos. Como parceiro que contribui menos, Josh reluta em ajudar de forma mais relevante no cuidado com os filhos, na arrumação da casa, na cozinha, na agenda social e no restante da logística do cotidiano. Mas ele também é o parceiro relutante em outro sentido. Ao contrário de Melissa, ele reluta em se envolver mais profundamente no projeto mental e emocional de melhorar o casamento.

O problema do parceiro relutante transcende a dinâmica de gênero tradicional. Embora as estatísticas apontem que é muito maior a probabilidade de o homem ser o parceiro relutante, em alguns casos esses papéis se invertem e a mulher se torna a pessoa que contribui menos. Essa dinâmica também pode ocorrer em casais do mesmo sexo, com um dos parceiros contribuindo a mais e o outro se tornando o mais relutante, que contribui a menos.

Para alguns casais, o problema do parceiro relutante é tão profundo e tão difícil de resolver que pode levá-los a desistir de vez da ideia de um casamento 80/80. Na verdade, talvez você já tenha até resolvido pular este capítulo depois das primeiras páginas, diante da gravidade do dilema.

Não existem soluções simples para esse problema. Mas vale a pena tentar. Quando a resistência e a relutância do parceiro que contribui menos caem por terra, o casamento 80/80 se torna mais viável. A generosidade radical pode se tornar um mindset do casal. O êxito compartilhado pode virar um objetivo em comum. Resumindo, superar esse obstáculo é, muitas vezes, a chave para passar menos tempo brigando pelo igualitarismo e mais tempo trabalhando como uma equipe 80/80.

POR QUE NÃO É BOM

Correndo o risco de dizer o óbvio, não é nada agradável ter um parceiro relutante. Você sofre com o fardo permanente de ter que cuidar de tudo. Você sente falta de reconhecimento pelo que faz. Todos os dias, acorda com o ressentimento zumbindo como um som ambiente que nunca some, mesmo nas melhores horas juntos. Toda essa experiência pode provocar uma sensação de sobrecarga, irritação e exaustão absoluta.

No entanto, ser o parceiro relutante tampouco é agradável. Veja o caso de Chris. O estresse da dinâmica do parceiro relutante fez com que o seu casamento desmoronasse e terminasse em divórcio. Chris era o parceiro relutante. Embora possa parecer uma situação ideal ter um parceiro que faz tudo, estar do lado relutante dessa dinâmica traz seu próprio gostinho de sofrimento emocional. Como ele nos disse, "No meu casamento havia uma espécie de placar. Ocorria uma dinâmica em que a minha esposa queria fazer tudo. Eu parei, então, de fazer tudo, o que não é o meu jeito de ser. Em geral, eu sou um fazedor de coisas. E a narrativa do nosso casamento virou 'O Chris não faz nada'. Por isso acabei me fechando e alimentando um ressentimento, porque era esperado que eu contribuísse. Não era uma contribuição de fato. Era só eu cumprindo ordens".

O que aprendemos com Chris é que a questão do parceiro relutante não é um problema apenas para quem contribui mais. É uma dinâmica dolorosa, que gera sofrimento dos dois lados.

### DE QUEM É A CULPA?

Assim como ocorre no sexo, diversas dinâmicas culturais e de gênero influenciam nossa percepção do problema do parceiro relutante. Em casamentos heterossexuais, quando a mulher contribui a mais e o marido é o parceiro relutante, costuma-se dizer que a culpa é do homem.

Como vimos ao longo deste livro, estruturas de poder com hegemonia masculina moldaram de forma irremediável a condição dos relacionamentos modernos. O antiquado modelo 80/20, em que o homem trabalha fora e a mulher em casa, continua a influenciar a experiência dos casamentos modernos. Até mesmo nos lares de pensamento progressista em relação à igualdade de gênero, em que a mulher ganha mais que o homem, essa ressaca histórica cria um estímulo silencioso que costuma resultar em um parceiro (masculino) relutante.

Esse histórico de desigualdade, aliado ao dado estatístico de que os homens fazem menos, levou muitas intelectuais feministas a se rebelar contra a própria ideia do casamento. Como afirma Gloria Steinem, uma das pioneiras do feminismo, de que adianta juntar-se a alguém quando "O casamento faz de você, do ponto de vista legal, uma semipessoa"?[1] Além disso, diz ela, "O casamento funcionou melhor para o homem que para a mulher. Os dois grupos mais satisfeitos são os homens casados e as mulheres solteiras".[2]

Existe hoje em dia todo um gênero de livros, artigos e podcasts sobre casamento: eles lamentam as condições que levaram os homens a criar o problema do parceiro relutante. Nas palavras da autora feminista Jessica Valenti, "Não é a maternidade nem os filhos que fazem descarrilar a carreira e as ambições pessoais das mulheres: são os homens, que se recusam a fazer a sua parte". Ela prossegue: "Não é que as mulheres 'não podem ter tudo': são os homens que não param de se apoderar de tudo".[3]

É uma narrativa em grande parte verdadeira. É verdade que na maioria das vezes é a mulher que está no papel de quem contribui mais. É verdade que os homens têm tendência a se deixar encaixar no papel de quem faz menos, tornando-se parceiros relutantes. É verdade que estruturas seculares de desigualdade de gênero continuam a influenciar essa dinâmica.

Porém, tudo isso ignora um fato importante: no cotidiano prático de um casamento, a verdade é que ambos os parceiros desempenham algum papel na criação dessa dinâmica. Ao se concentrar unicamente nas más ações dos parceiros relutantes — ou, nesse caso, dos homens —, o parceiro que contribui mais pode se sentir "desempoderado". Pode nutrir ressentimento em relação ao parceiro relutante. Pode se queixar a amigos da injustiça da situação. Mas pode também se esquecer de fazer duas perguntas essenciais: "É possível mudarmos essa dinâmica?" e "Será que eu contribuí de alguma forma para ter um parceiro relutante?".

Essas são perguntas que vamos explorar a partir de agora. Pode ser desconfortável fazer essas perguntas. Elas talvez contradigam suas ideias preconcebidas em relação a quem culpar. Mas, ao menos por enquanto, incentivamos você a sair da zona de conforto, que encara o parceiro relutante como um problema.

Evidentemente, isso não significa que você deva se ver como o problema. Significa enfrentar a situação considerando que o problema está na dinâmica mais geral, em cuja criação ambos desempenham algum papel. Significa mudar a conversa da pergunta "De quem é a culpa?" para uma mais útil: "Como podemos romper esse padrão que deixa nós dois infelizes?".

É uma experiência radical. Exige coragem e mente aberta. Mas também pode mudar a sua vida.

## AS VANTAGENS SUTIS DE QUEM FAZ TUDO

Como, então, você — aquele que faz tudo — pode estar contribuindo para a dinâmica do parceiro relutante? Vamos ver o caso de Tina. Ela é uma típica esposa que contribui mais. Nós a entrevistamos pelo telefone, dentro do carro, na garagem de casa, com o filho de um ano e meio dormindo no banco de trás. Essa janela de soneca de meia hora, segundo Tina, era o único "tempo livre" que ela tinha para conversar.

Tina usou a analogia do balde para ajudar a pintar o retrato de como é ser casada com um parceiro relutante. "É como se eu tivesse vários baldes", disse. "Tenho o balde do trabalho, o balde das amizades, vários baldes dos meus filhos e o balde do pagamento das contas. E meu marido — Deus proteja — só tem um ou dois baldes."

Perguntamos a Tina o que impedia seu marido de cuidar de mais baldes.

"Não faço ideia", respondeu ela. "Talvez seja simplesmente o fato de que recaímos nesses papéis tradicionais. Mas talvez parte do problema seja que eu me tornei complacente. Claro que reclamo do fato de que faço tudo, mas às vezes penso em como na verdade eu gosto de ter mais controle sobre as coisas."

À medida que aprofundou essa reflexão, Tina chegou a uma conclusão ainda mais precisa. Ela explicou que, de certa forma, acaba na verdade contribuindo para um estado de coisas em que faz tudo e o marido não faz quase nada. "Mesmo quando estou exausta e mal consigo dar conta sinto um certo conforto ao pensar que estou segurando todos os baldes da nossa vida. Sempre sei o que está acontecendo, e sei que, se for preciso, sou capaz de fazer tudo. Meu marido, em compensação, não faz ideia do que está acontecendo. Toda semana ele me pergunta duzentas vezes que horas é a escolinha de futebol no domingo."

Em nossa conversa, Tina revelou duas conclusões profundas. A primeira é que, assim como muitos parceiros que contribuem mais, ela talvez estivesse alimentando essa dinâmica ao ser complacente e não perguntar a si mesma o que desejava. A segunda é que uma parte dela mesma não gostaria, na verdade, de alterar a dinâmica, porque fazer tudo tem suas vantagens. Essa é uma conclusão complexa, que exige muita consciência de si. Porém, perceber que você pode ter contribuído para esse padrão — e até estar tirando vantagem dele — costuma ser o primeiro passo para superar o problema do parceiro relutante.

## COMO ALTERAR O PADRÃO DO PARCEIRO RELUTANTE

Como vocês podem, então, romper com o padrão do parceiro relutante? No mundo ideal, esse problema, que envolve os dois, pediria uma solução a dois. Vocês criaram juntos essa dinâmica. Caso você seja o parceiro que contribui a mais, ajudou a criá-la ao evitar pedidos sinceros, ou agarrando-se à sensação de controle que vem quando se faz tudo. Caso você seja o parceiro relutante, ajudou a criá-la desperdiçando oportunidades de ser mais útil ou agindo com base em seus piores instintos passivo-agressivos.

O problema, porém, é que não vivemos no mundo ideal. Por definição, o parceiro relutante dificilmente tomará a iniciativa de alterar essa dinâmica; afinal de contas, é relutante. Ou seja, infelizmente a mudança vai ter que começar com você, o parceiro que faz tudo. Estamos cientes da profunda injustiça disso. É como dizer: "Embora você já seja aquele que faz tudo, você também vai ter que fazer o movimento inicial para quebrar esse padrão". É revoltante.

Pode até não ser justo, mas analisar como você (o parceiro que contribui mais) pode abordar esse problema talvez seja a melhor coisa a fazer por você e pela saúde do seu casamento. Suas ações corajosas e radicalmente generosas podem, no fim das contas, ser o único jeito de mudar esse padrão.

E qual a sensação, em tempo real, do parceiro que contribui mais e decide quebrar o padrão? Para ver como é possível, vamos voltar a Melissa e Josh. Olhando mais atentamente para a agenda de Melissa, encontramos todo tipo de oportunidade velada para Josh se envolver mais, se engajar mais e, verdade seja dita, agir menos como um menino de vinte anos numa república de estudantes e mais como um adulto. São alterações bem sutis. Mas podem levar a transformações profundas na dinâmica do parceiro relutante.

Às 8h14, quando Josh envia as mensagens para Melissa, será que ela *precisa mesmo* interromper a caminhada para responder dizendo onde está a massa de panqueca? Ou será que ela poderia desligar o celular e aproveitar a caminhada confiando que o marido dará um jeito de alimentar os filhos? Ao voltar para casa, o que aconteceria se ela dissesse a Josh: "Pelo visto vocês se divertiram à beça. Você pode chamar as crianças e limpar isso tudo enquanto eu tomo uma ducha, por favor?".

De tarde, o que aconteceria se ela pedisse a Josh para levar a filha mais nova na casa da amiga e dar uma passada no supermercado na volta? Claro, pode ser que ele traga a marca errada de ketchup ou se esqueça de trazer o morango orgânico. Mas seria um preço pequeno a pagar em troca de uma tarde mais livre.

No fim da tarde, quem sabe ela pudesse *não* dar o telefonema para organizar o churrasco na hora do futebol. Se é tão importante assim para Josh, talvez ele possa cuidar disso. Se não cuidar, melhor ainda. Ela não precisará ir ao churrasco.

E no fim do dia, quando Melissa pede a Josh que leia o livro em que ela está interessada, por que deixá-lo se livrar com um mero ok? O que aconteceria se ela revelasse sua frustração, dizendo: "Ter essa conversa sobre como melhorar nosso casamento é importante para mim. Quero muito que você leia as páginas que eu marquei, talvez na semana que vem, para que a gente possa conversar sobre isso no sábado à noite".

A questão, aqui, é que alguns parceiros que contribuem a mais, como Melissa, deixam de pedir o que realmente desejam, não revelam as verdades incômodas e não estão dispostas a reagir, com um espírito de generosidade radical, à incapacidade do parceiro relutante de se envolver mais no relacionamento.

### SERÁ QUE DÁ MESMO PARA ENGAJAR O PARCEIRO RELUTANTE?

A ideia de mudar aos poucos essa dinâmica alterando o próprio comportamento como parceiro que contribui mais pode parecer absurda. Talvez você ache que estamos divulgando alguma espécie de conto do vigário conjugal — uma ideia mirabolante que, na vida real, não dá certo.

Compreendemos o ceticismo, e compreendemos que quando uma pessoa está presa nesse tipo de situação pode parecer impossível mudá-la. Mas sabemos que essa transformação *é* possível, porque depois de anos aferrados a esse padrão finalmente encontramos uma saída.

Conosco, funcionou assim: quando nos casamos, aos 26 anos de idade, Kaley era uma adulta altamente funcional. Tinha tudo bem arrumadinho em planilhas e pastas. Todo mês, fazia um balanço financeiro. Dedicava bastante reflexão ao planejamento da aposentadoria, lavava a própria roupa e tinha um IRA, o plano de previdência privada nos Estados Unidos. Nate, por sua vez, vivia como se ainda estivesse na faculdade. A limpeza do apartamento era semestral. E, como estudante de filosofia política, para ele IRA era só a sigla de um grupo político revolucionário na Irlanda.

Quando começamos a morar juntos, nossos mundos entraram em conflito. Kaley assumiu naturalmente o papel de quem cuida de tudo. Nate logo se deu conta de que podia apenas relaxar e nunca mais se preocupar com logísticas entediantes como renovar o seguro do carro ou pagar uma conta de celular. Nem mesmo precisava se preocupar em descobrir como aumentar a intimidade do casal. Kaley também cobria essa parte. E foi assim que vivemos durante anos.

Esse padrão se tornou sofrido para Kaley. Ela tinha a impressão de carregar todo o peso do casamento nos ombros. Também passou a alimentar um ressentimento constante em relação a Nate. Toda vez que o marido pisava na bola, deixava de cumprir o prometido ou deixava de reconhecer o esforço dela, ela se sentia irritada e incomodada.

Visto de fora, pode parecer que esse arranjo fosse o ideal para Nate. Mas também para ele era um padrão insatisfatório. Toda vez que Kaley pedia para Nate sair para comprar algo ou consertar a irrigação do jardim, ele ficava chateado e irritado. Tinha a impressão de que, apesar de fazer tanta coisa, nunca era o bastante. Por isso, em determinado momento, ele concluiu: "Se o que eu faço nunca é o suficiente, melhor eu parar de vez de me esforçar".

E como foi que esse padrão mudou? Kaley começou a fazer a si própria as mesmas perguntas que fizemos sobre o dia de Melissa. Perguntas como:

- E se eu parasse agora mesmo de encher o lava-louça e pedisse ajuda?

- E se eu revelasse minha frustração de um jeito adulto toda vez que Nate prometer fazer alguma coisa e não cumprir?

- O que aconteceria se eu passasse para o Nate alguma das principais tarefas que estão na minha mão, como cuidar das finanças da casa?

- E se eu dissesse a Nate que participar de um curso sobre relacionamentos é importante para mim?

Vejamos a pergunta sobre finanças. Durante anos, Kaley nutriu um recalque em relação a Nate porque passava horas cuidando da fatura do cartão de crédito, anotando as despesas do mês, planejando o orçamento e fazendo o imposto de renda. Porém, sendo franca consigo mesma, ela também se deu conta de que não queria que Nate assumisse as contas. Por quê? Porque ela não queria abrir mão do controle. Essa conclusão a levou a perceber que, para que o marido se engajasse mais e ela tivesse mais motivos de alegria, era preciso estar disposta a ceder o controle.

Por isso, um dia, após cinco anos juntos, ela pediu a Nate que cuidasse das finanças. Nate disse "sim", e depois de horas de explicações, que o fizeram reconhecer de verdade tudo o que ela vinha fazendo, Kaley nunca mais teve que se preocupar em pagar outra conta de luz ou do cartão de crédito. A princípio Nate relutou, mas aos poucos foi se interessando cada vez mais por nossas finanças domésticas, e passou a elaborar novas planilhas e métodos de controle. Foi uma transformação que levou algum tempo. Mas tudo começou com uma única conversa difícil e com a disposição de Kaley de ceder o controle.

O mesmo aconteceu com a aversão inicial de Nate em se esforçar pelo casamento. Em vez de se conformar com a narrativa de que ele simplesmente não tinha interesse, Kaley disse: "Para mim é importante você vir comigo ao curso deste fim de semana". Nate foi. Relutou, mas estava disposto a aprender. Então aconteceu uma coisa inesperada. Ele achou o curso tão interessante que começou a ler livros sobre relacionamentos e aperfeiçoamento pessoal. Hoje, quinze anos depois, esse trabalho se tornou nossa paixão em comum. Nunca teria acontecido sem aquela difícil conversa inicial.

O argumento, aqui, é que o nosso padrão só mudou porque Kaley estava disposta a pedir o que realmente desejava, e embora Nate tenha relutado sentia curiosidade o bastante para experimentar algo novo. Se uma dessas condições estivesse ausente — a iniciativa de Kaley ou a curiosidade de Nate —, ainda estaríamos num impasse.

Vale a pena mencionar outro detalhe. É uma constatação que só fizemos anos depois. Nate levou a sério os pedidos de Kaley porque, bem no fundo, ele sabia que a esposa estava pensando em terminar o relacionamento. Ela nunca disse isso. Nunca fez nenhuma ameaça. Mas ela sabia, e ele sabia, que o padrão em que Nate assumia o papel de parceiro contribuindo menos não era uma opção de longo prazo tolerável para ela. E essa percepção aumentou a motivação de Nate para mudar.

## ALGUNS PARCEIROS NÃO SÃO RELUTANTES: ELES SÓ NÃO ESTÃO DISPOSTOS

O nosso caso levanta uma questão fundamental: o que acontece quando o parceiro engajado reconhece como contribuiu para que o cônjuge não se engajasse mas o parceiro relutante continua sem vontade alguma de mudar? Chega um ponto em que o problema passa a ser outro. Não estamos mais lidando com um parceiro relutante, e sim com um parceiro que não está a fim.

Pode parecer uma diferença sutil, mas a falta de disposição está em um patamar bem diferente da relutância. O parceiro relutante pode hesitar um pouco, mas está aberto à mudança. O parceiro que não está a fim, em compensação, montou uma barricada contra a mudança. Não está disposto a tentar nada novo, a assumir uma carga maior, a reagir a um pedido sincero ou a se engajar num projeto de crescimento como casal. Fica claro quando ele diz: "Isso eu não faço".

Caso esteja lidando com um parceiro relutante, as ferramentas deste capítulo podem ajudá-lo a se aproximar mais do modelo 80/80. Caso, porém, esteja lidando com um parceiro que não está disposto, talvez seja necessário mais do que este livro para provocar uma transformação no relacionamento.

Quando seu parceiro não está nem um pouco a fim de mudar, ou nem mesmo de buscar ajuda com aconselhamento conjugal, muitas vezes, entre duas opções lamentáveis, resta apenas uma escolha de partir o coração. Uma é pensar em romper o relacionamento — uma decisão que acarreta enorme estresse emocional e logístico. A outra opção é conformar-se com uma situação desagradável — fazer o melhor possível para aceitar o fato de que a outra pessoa não está a fim.

Ambas são difíceis. Porém, qualquer que seja o caminho escolhido, as ferramentas do modelo 80/80 ainda podem ser úteis para você. Caso decida terminar o casamento, a generosidade radical pode ajudar você a administrar o turbilhão emocional que vem na esteira do divórcio. Caso decida ficar, adotar uma mentalidade de generosidade radical pode mudar a *sua* experiência do casamento. Se você preparar toda a comida com uma mentalidade igualitária, por exemplo, é certo que vai nutrir ressentimento ao fim de cada refeição. Caso adote, porém, a generosidade radical, pelo menos pode dar início ao processo de desapego dessas emoções negativas. No mínimo você saberá que está fazendo o melhor possível em meio a uma situação complicada.

COMO DESAPEGAR DE FAZER TUDO

Supondo que você precise lidar com um parceiro relutante, e não com um parceiro que não está a fim, eis uma experiência mental simples que ajudará você a se aproximar de um plano específico para dissolver essa dinâmica. Essa experiência foi elaborada por Gay e Katie Hendricks, dois dos maiores especialistas mundiais em relacionamentos e vida consciente. Eles escreveram algo que nos fez quase cair da cadeira quando lemos pela primeira vez: "Em todos os momentos e de todas as maneiras, aquilo que obtemos é exatamente aquilo que nos comprometemos a obter".[4]

Pare um instante e deixe a ficha cair.

Caso você seja como nós, sua primeira reação pode ser de negação e defesa. Sua mente é invadida por pensamentos como "Não tem como ser verdade!" ou "Você não conhece o meu companheiro!" ou "Como é que eu posso ter me comprometido com uma vida em que eu tenho que fazer tudo? Que absurdo!".

Mas imagine por um instante só, neste exato momento, que seja verdade. Imagine que você se comprometeu a obter exatamente aquilo que está recebendo no casamento. Imagine que foi você que escreveu o roteiro da peça em que seu parceiro não contribui nem se importa em melhorar o casamento. Imagine que você seja 100% responsável pela relutância do seu parceiro em se engajar.

É uma ideia maluca. Mas também é uma ideia que pode simplesmente transformar para sempre o seu casamento. Vamos explorar essa ideia com mais profundidade na atividade a seguir.

---

### ATÉ QUE PONTO VAI O MEU COMPROMISSO?

PRÁTICA 80/80

Esta prática exige que você dê um salto gigante — imaginar um mundo onde você se comprometeu com a relutância de seu parceiro. Não interessa se é verdade ou não. O que interessa é realizar a sério essa experiência mental para ver que novas ideias essa perspectiva radical traz.

**Passo 1: Assuma seu compromisso**
O primeiro passo é demonstrar uma curiosidade genuína. É simples como dizer para você mesmo, na intimidade: *De alguma forma, eu me comprometi com essa situação de ter um parceiro relutante e pouco engajado.*

**Passo 2: O manual de treinamento**
Este é o momento de destrinchar o "de alguma forma" do pas-

so anterior — investigar como, exatamente, você se comprometeu com essa situação. Eis o que fazer: imagine que sua tarefa seja criar um manual de treinamento com instruções específicas para outras pessoas. Mas esse não é um manual de treinamento normal. Não é um manual do que fazer. É um manual do que *não* fazer. É um manual de treinamento intitulado *Como ter um parceiro relutante e pouco engajado exatamente como eu*. É a sua chance de orientar outras pessoas sobre como criar um relacionamento em que uma das pessoas acaba fazendo tudo e tendo um companheiro relutante e pouco engajado. Um exemplo:

**Dica 1:** Lave toda a louça sem nunca pedir ajuda. Então detone seu parceiro dizendo que ele nunca ajuda.

**Dica 2:** Peça ajuda em alguma coisa, mas uma vez só. Quando o parceiro não se apresentar de imediato demonstrando grande interesse, use isso como prova de que ele não está nem aí e nunca mais peça aquilo.

**Dica 3:** Quando o parceiro enviar uma mensagem dizendo: "Pode ir buscar meu violão no conserto na volta do trabalho?", responda: "Claro", mesmo que não tenha tempo. Guarde rancor por isso.

**Dica 4:** Mesmo quando sentir que cuida de 95% do trabalho doméstico, nunca converse sobre mudar essa divisão de tarefas. Reclame, mas só com os amigos.

**Dica 5:** Caso sinta inspiração para experimentar novas estratégias para melhorar seu casamento, é melhor simplesmente supor que o parceiro nunca vai estar aberto. Sinta raiva do parceiro por ser tão distante e desinteressado.

Agora é a sua vez. Ponha por escrito, abaixo, as dicas do seu manual de treinamento.

Dica 1: _____
_____

Dica 2: _____
_____

Dica 3: _____
_____

Dica 4: _____
_____

Dica 5: _____
_____

Dica 6: _____
_____

**Passo 3: Custos e benefícios do seu compromisso**

Pode parecer estranho, mas em padrões assim sempre existem prós e contras. Por exemplo, ao nunca pedir ajuda você pode não ter um parceiro engajado, mas, como vimos antes, fica com o benefício de mais visibilidade e controle quase total do que está acontecendo no cotidiano. Quais são os custos e os benefícios da sua versão desse padrão?

| QUAL O CUSTO? | QUAL O BENEFÍCIO? |
|---|---|
| Exemplos:<br>• É raro eu dormir uma noite inteira bem.<br>• Sempre sinto raiva e ressentimento. | Exemplos:<br>• Eu me transformo numa "supermulher" que faz tudo.<br>• Eu me livro de conversas difíceis. |

**Passo 4: Assumir um novo compromisso**

Se você chegou até aqui, está começando a ver como se comprometeu com essa situação de ter um parceiro relutante e consegue perceber o custo desse padrão para você. A esta altura, você pode dizer: "O benefício supera o custo". Em outras palavras, é capaz de decidir, de forma consciente, aceitar ter um parceiro relutante. Isso pode ser, na verdade, uma bênção, ao permitir que você continue seu relacionamento sem tanto ressentimento, porque esse arranjo se tornou uma decisão sua. Você fez disso uma escolha consciente.

Caso, porém, tenha decidido assumir um novo compromisso, incentivamos você a pensar em algumas atitudes que pode tomar para esse novo compromisso, algo na linha "Meu compromisso é ter um parceiro prestativo e engajado". Para que isso dê certo, é preciso que os passos seguintes sejam opções viáveis e ao seu alcance. Por exemplo:

**Atitude 1:** Vou pedir ao meu parceiro que faça comigo a atividade dos Papéis para o Êxito Compartilhado da p. 149.

**Atitude 2:** Não vou responder as mensagens do meu parceiro durante uma hora quando o pedido for sem noção.

**Atitude 3:** Vou propor ao meu parceiro um fim de semana prolongado longe da família, uma vez por ano, para ir a um spa com os amigos.

Agora é a sua vez:

**Atitude 1:** _____
**Atitude 2:** _____
**Atitude 3:** _____
**Atitude 4:** _____
**Atitude 5:** _____

**Dica 1: GR**
Pratique a generosidade radical com você mesmo — porque não vai ser mole.

**Dica 2: O quê? GR de novo?**
Pratique a generosidade radical com o seu parceiro. Ele vai se espelhar em sua mentalidade. Se você ficar na ofensiva, seu parceiro provavelmente vai retaliar. Se você o abordar com generosidade radical, porém, ele pensará num primeiro momento: "Que história é essa?". Mas depois vai adotar um tom mais moderado e reagir de maneiras que nem você poderia ter imaginado.

# 15. Rituais: Os cinco hábitos essenciais do casamento 80/80

Sob o risco de dizer o óbvio, você está chegando às páginas finais de *O casamento 80/80*. Achamos que vale a pena avisar porque logo, logo você vai fechar este livro, talvez para sempre. Terá, então, uma importante escolha entre duas formas bem diferentes de implantar o modelo 80/80 em sua vida.

Uma delas vê esse modelo como um amontoado de ideias entre as quais existem algumas úteis para você e o seu parceiro. A outra forma é ver o 80/80 como uma prática, como uma forma de viver o casamento a cada instante. Essa maneira de enxergar, mais prática, se preocupa menos com ideias e mais com hábitos. Mais do que pensar no poder da generosidade radical, é uma questão de transformar a generosidade no mindset do seu dia a dia. Em vez de conversar sobre a ideia do êxito compartilhado, é organizar no cotidiano novas estruturas com base na pergunta "O que é melhor para nós?".

Caso o seu objetivo seja viver mudanças reais — evoluir e aprofundar sua conexão com o parceiro —, a escolha é clara. O modelo 80/80 não pode ser simplesmente uma ideia. Tem que se tornar uma prática.

Por quê? Porque grandes transformações na vida raramente decorrem apenas de uma ideia, um conceito, uma conversa ou um livro. Elas acontecem quando as ideias se transformam em hábitos automáticos e rotineiros, tecidos na trama da vida cotidiana.

Com certeza você já passou por isso. Já leu um livro marcante, que revelou novas maneiras de pensar. Durante uma ou duas semanas, essas ideias mantêm o frescor e a força. Você acorda pensando nelas, em como podem mudar sua vida. Comenta a respeito no café com um amigo, num papo rápido com um colega ou na cama com o seu companheiro, tarde da noite.

Em pouco tempo, porém, aquele livro transformador deixa a mesinha de cabeceira e vai parar numa prateleira. Deixa de ser o assunto da conversa com o companheiro e os amigos. Em questão de poucas semanas, aquilo que chegou a ser uma fonte de inspiração praticamente desaparece da sua vida.

É exatamente o que acontece com a maioria dos livros, ideias, podcasts ou retiros de fim de semana inspiradores. Estamos dizendo isso para chamar a sua atenção para um fato fundamental: *Ideias e sacadas desaparecem em pouco tempo. Mas hábitos e práticas tendem a permanecer.*

## UM CASAMENTO DE ROTINA

Embora seja cômodo pensar que a nossa experiência de casamento é definida pelos grandes momentos — a viagem de uma semana para a Costa Rica ou aquele jantar romântico de Dia dos Namorados em um restaurante caro —, na verdade são os outros 99% de momentos, aqueles pedaços da vida moldados pelos hábitos mais singelos, os verdadeiros responsáveis pela atmosfera da vida a dois.

Nosso dia inteiro é composto desses momentos singelos. Esses hábitos podem ser coisas como um beijo no parceiro ao chegar do trabalho — *um bom hábito*. Pode ser se orgulhar, diante dos amigos, da última façanha do parceiro no trabalho — *um bom hábito*. Chegar perto do parceiro na cama antes de dormirem, todas as noites, para dar um beijo e dizer "Amo você" — *outro bom hábito*.

Ou podem ser coisas como escutar sem atenção por estar distraído lendo resenhas de uma nova escova de dentes elétrica — *um mau hábito*. Irritar-se com algo que o parceiro disse, mas resolver que não vale a pena tocar no assunto — *um mau hábito*. Ou manter um detalhado histórico mental de todas as coisas incríveis que você fez para soltar aquela argumentação matadora, provando, de uma vez por todas, que em casa os papéis não andam perfeitamente igualitários — *um péssimo hábito*.

Embora possam parecer menores e sutis, esses hábitos têm um imenso poder, que nasce da natureza invisível e subconsciente desses atos. Os hábitos são, por definição, simples, automáticos e não exigem esforço.[1] Não precisamos nem pensar neles. Eles meio que acontecem.

E é por isso que os nossos hábitos sobrevivem até mesmo às epifanias mais transformadoras. Muito tempo depois que a inspiração se foi, eles persistem discretos, dirigindo silenciosamente o espetáculo do casamento e da vida.

## O HÁBITO DO 80/80

Se o casamento não passa de uma coleção de hábitos, como, então, alterá-los? Como podemos reforçar os hábitos bons e substituir os maus? Uma das melhores respostas vem daquilo que o escritor Charles Duhigg chama de *ciclo do hábito*.[2] Para entender esse ciclo, basta pensar no vício em celular, esse pequeno mas nocivo hábito que nos impede de tirar os olhos da tela na hora do jantar, enquanto tentamos brincar com os filhos no parque ou até em plena estrada, dirigindo a cem por hora.

O ciclo é assim: tudo começa com uma *deixa*, um gatilho que dá início à ação. Nesse caso, a deixa pode ser aquele *plim* do smartphone, alertando para uma nova mensagem ou uma notícia. Ou, em outros casos, a deixa pode estar na sua cabeça — aquela sensação incômoda de tédio na sala de espera do médico que o incentiva a se perder nas redes sociais, na leitura de e-mails ou das notícias.

A deixa leva a uma *rotina*, um ato que você pratica em resposta à deixa. Nesse caso, a rotina é checar as redes sociais, repassar a caixa de e-mails ou rolar as últimas notícias.

A rotina leva à parte final do ciclo do hábito, a parte que nos vicia, que nos faz voltar o tempo todo querendo mais: a *recompensa*. A recompensa que você obtém do smartphone é aquele fugaz pico de dopamina que gera prazer no instante em que o mistério em torno daquela notificação é revelado.[3]

Esse ciclo explica como nossos hábitos atuais nos deixaram viciados. Mas também mostra como podemos adotar hábitos novos, que nos aproximam, em vez de afastar, da conexão, do amor e da intimidade. Para transformar em hábitos as ideias do modelo 80/80 — ideias como a generosidade radical e o êxito compartilhado —, precisamos criar um ciclo semelhante. Precisamos de uma deixa, uma rotina clara e simples e uma recompensa.

A deixa é como um despertador que nos acorda para aquilo que estamos fazendo de errado em relação ao parceiro. A deixa desperta nossa consciência para a possibilidade de fazer algo diferente ou passar do igualitarismo para a generosidade radical, ou daquilo que "é melhor para mim" para aquilo "que é melhor para nós".

A rotina envolve um ato específico que podemos praticar para criar a mudança. É escrever aquele bilhete amoroso e colocar na cabeceira do parceiro. É revelar a ele aquele problema que não sai da sua cabeça há horas e fazer um pedido factível. É tomar aquela decisão importante com base no que é melhor para os dois.

A recompensa vem naturalmente. Você não precisa fabricá-la comprando um café gourmet ou fazendo uma dancinha no corredor. Basta apreciar a experiência da conexão, que é o resultado inevitável quando adotamos os hábitos 80/80, e saborear essa sensação. Quando você escreve um bilhetinho de amor, por exemplo, a recompensa é aquela sensação instantânea proporcionada por um ato generoso. Quando você revela um problema, a recompensa é a experiência da intimidade. Quando você toma uma decisão com base em seus valores de êxito compartilhado, a recompensa é a sensação de ver a disputa pelo poder desaparecer.

Essa é a fórmula para criar novos hábitos 80/80. Para cada um dos hábitos relacionados a seguir, propomos que você pense em:

- Uma maneira concreta de implementar a rotina 80/80.

- A frequência com que pretende praticar essa nova rotina (uma vez por dia, por semana, por ano etc.).

- Uma deixa para desencadear o hábito.

Não fizemos uma lista das recompensas porque ela é a mesma para todos esses hábitos: uma melhora incrível no humor, na energia e no estado de espírito que acontece quando os dois se sentem mais conectados. Quando essa transformação ocorrer, aprecie-a, saboreie-a e permita-se se acomodar nessa experiência pura de amor.[4]

## OS CINCO HÁBITOS ESSENCIAIS DO 80/80

Ao longo deste livro, propusemos vários tipos de atividade. Exploramos práticas que cultivam um mindset de generosidade radical: contribuição, reconhecimento e revelação. Também exploramos práticas que criam uma estrutura de êxito compartilhado: divisão de papéis, prioridades, limites, poder e sexo. Todas essas práticas podem ser transformadas em hábitos.

Queremos nos despedir de você com uma lista enxuta dos cinco hábitos mais poderosos do modelo 80/80. Na nossa vida e na vida das pessoas que entrevistamos, constatamos que esses cinco hábitos apareciam o tempo todo. São hábitos que proporcionam um atalho para a conexão, o amor e a intimidade. Alguns deles têm relação direta com o modelo 80/80; outros são mais uma questão de criar as condições ideais para que o modelo prospere.

Para vivenciar plenamente os benefícios do modelo 80/80, recomendamos transformar pelo menos os três primeiros em hábitos regulares. Se, aos poucos, vocês conseguirem adotar os cinco, vão viver uma transformação ainda mais profunda.

Dito isso, não há necessidade de adotar todos os cinco de uma vez só. Como a aquisição de hábitos exige disciplina e força de vontade, recomendamos uma abordagem gradual, implantando um de cada vez. E, é claro, vocês podem resolver que algumas das demais práticas apresentadas neste livro, mas não incluídas aqui, podem ter mais valor para você e seu parceiro. Não há nenhum problema nisso. Confie na intuição para decidir onde investir o tempo e a energia de vocês.

### HÁBITO I: CRIAR ESPAÇO PARA A CONEXÃO

Se tivéssemos que resumir em três palavras o mal do casamento moderno, seria: *falta de espaço*.

Casais de todas as origens sociais nos contaram que esse é o maior desafio que enfrentam. Nas palavras de um pai de trigêmeos que mora em Nova York: "Ficamos tão enrolados com as necessidades das crianças, a escola e a alimentação que viramos um casal de serviçais para eles; nada mais fácil que esquecer um do outro, como nos conhecemos e por que queremos viver juntos". Uma entrevistada comentou: "Não tem espaço para conexão. É simplesmente coisa demais para fazer".

Como podemos, então, criar espaço para a conexão? Os casais que dão certo recorrem basicamente a três tipos de hábitos: os micro, os meso e os macro.

Os *micro-hábitos* são maneiras sutis de manter a conexão até mesmo em meio ao dia mais caótico. É levarem juntos o cachorro para passear durante dez minutos depois do jantar. É dizer "oi" um ao outro com um beijo e um abraço apertado. É jantar em família. É conversar sobre como foi o dia na hora de deitar. É elogiar a comida. É fazer um balanço emocional perguntando: "Como você se sente, *de verdade*?". Os casais mais felizes com quem conversamos usam esses micro-hábitos para continuar conectados em meio ao cotidiano.

Os *meso-hábitos* exigem reservar um espaço na agenda.

Saídas à noite foram o meso-hábito mais citado pelos casais que entrevistamos. Outros, porém, bolaram alternativas próprias e inventivas sem ser o jantar fora na sexta à noite. Falaram de "dias off", em que se desconectavam juntos do trabalho por duas horinhas para assistir a um filme. Ou da "natação para adultos", quando saíam para nadar pelados por meia hora em pleno dia útil. Ou, nossa preferida, a "trilha do amor", que realizamos religiosamente todo sábado de manhã, faça chuva, faça sol, chova granizo ou caia neve.

Os *macro-hábitos* exigem sair de casa e passar longos períodos de tempo juntos. Alguns casais disseram que tiram férias a dois uma vez por ano, sem as crianças. Outros só conseguem encontrar tempo para um fim de semana por ano. O investidor de risco Brad Feld e a esposa, Amy Batchelor, nos falaram do ritual das "férias Tx", onde o T é o *trimestre* e o *x* é o número do trimestre daquele ano, pois essa é a frequência das viagens "fora do ar" que fazem para se conectar.[5] Pode ser que você não consiga viajar todo trimestre. Mas um dia ou dois, pelo menos, para ter tempo e espaço juntos e se conectar podem ter um impacto enorme na saúde do seu casamento.

Ao transformar a criação de espaço para a conexão em uma prática regular, elabore algumas ideias de hábitos em cada uma das três áreas a seguir.

## COMO CRIAR ESPAÇO PARA A CONEXÃO

Quais são os micro, meso e macro-hábitos que vocês podem usar para criar mais espaço para a conexão? Tomem a tabela a seguir como um guia para refletir sobre seus rituais específicos, a frequência deles e as deixas que vocês podem usar a fim de liberar mais espaço para maior intimidade e conexão.

|  | RITUAL | FREQUÊNCIA | DEIXA |
|---|---|---|---|
| MICRO--HÁBITOS | Exemplo: Levarem juntos o cachorro para passear. | Exemplo: Uma vez por dia. | Exemplo: Assim que chegamos do trabalho. |
| MESO-HÁBITOS | Exemplos: Jantar fora a dois, "dia off", "trilha do amor". | Exemplo: uma vez por semana. | Exemplo: Toda quarta à noite. |
| MACRO--HÁBITOS | Exemplo: Pé na estrada, retiro para casais. | Exemplo: Duas vezes por ano. | Exemplos: primeira semana de julho, um mesmo feriado todo ano. |

### HÁBITO 2: A CHAMADA E RESPOSTA DA GENEROSIDADE RADICAL

Como acontece com qualquer hábito, é fácil falar de todos os incríveis benefícios do mindset 80/80 de generosidade radical. Viver na prática essa mentalidade, em compensação, muitas vezes é complicado. Exige lembrar-se disso constantemente e praticá-la todos os dias, sobretudo nos momentos de crise no cotidiano.

Para conviver mais tempo com esse mindset, recomendamos começar praticando uma vez por dia a "chamada e resposta" da contribuição e reconhecimento. Isso envolve dois hábitos diários inter-relacionados.

O primeiro é praticar um ato radicalmente generoso por dia. Essa é a sua oportunidade de expressar a generosidade radical por meio da contribuição — dar um abraço, escrever um cartão, deixar limpo o piso da cozinha ou levar uma xícara de café na cama. É um ato que tem o poder de atravessar a névoa do ressentimento e desencadear uma espiral positiva de generosidade entre você e o seu parceiro.

O segundo hábito é sobre o que você vê. É prestar atenção máxima nos atos de contribuição do seu parceiro ao longo do dia e então demonstrar reconhecimento pelo trabalho feito. É dizer: "Hoje você está o máximo com essa blusa nova", "Vi você tirando as ervas daninhas do gramado ontem, obrigado" ou "Percebi quanto tempo você tem passado com o nosso filho ajudando na matemática. Valorizo muito o trabalho que você tem feito".

Cada um desses atos radicalmente generosos costuma levar a dois, três ou dez. É assim que esses hábitos cotidianos vão lentamente transformando todos os aspectos da sua vida.

---

**CONTRIBUIÇÃO E
RECONHECIMENTO TODO DIA**

Agora é a sua vez de pensar como quer implantar o hábito da contribuição e do reconhecimento. À medida que for preenchendo

255

essa lista, perceberá uma diferença fundamental entre esses dois conceitos. A contribuição funciona melhor quando o ritual sofre variações de um dia para o outro. Pode ser, em um dia, preparar uma refeição; no dia seguinte, escrever um bilhetinho; no outro, limpar o piso da cozinha. O reconhecimento, em compensação, é mais simples. Consiste no mesmo ritual todo dia — expressar ao parceiro que reconhece alguma coisa. Tudo isso é para dizer que pode ser útil escrever no papel os rituais na linha da contribuição, mas não é preciso fazer o mesmo na linha do reconhecimento.

|  | RITUAL | FREQUÊNCIA | DEIXA |
| --- | --- | --- | --- |
| CONTRIBUIÇÃO | *Exemplos:* Preparar o café, esvaziar a lava-louça, deixar um bilhetinho amoroso. | *Exemplo:* Uma vez por dia. | *Exemplos:* Ao acordar ou ao fazer o planejamento da semana. |
| RECONHECIMENTO | *Exemplo:* Uma demonstração genuína de reconhecimento. | *Exemplo:* Uma vez por dia. | *Exemplos:* Na hora do jantar ou antes de dormir. |

## HÁBITO 3: REVELAR PROBLEMAS, MAL-ENTENDIDOS E RESSENTIMENTOS NA HORA EM QUE ACONTECEM

Imagine que seu parceiro acabou de insultar você na frente dos amigos em um jantar com um monte de gente. Imagine que ele esqueceu de ir buscar o filho de vocês no clube, deixando-o esperando do lado de fora, na chuva, por mais de uma hora. Imagine que chegou ao restaurante 45 minutos atrasado para o jantar na quinta à noite e nem ligou ou mandou uma mensagem avisando. Tudo isso são problemas.

Mas problemas como esses pioram muito quando você não revela o que está sentindo e, em vez disso, passa dias e até semanas deixando fervilhar o comportamento passivo-agressivo ou soltando os cachorros por questões menores, tudo porque não quer encarar uma conversa olho no olho.

É por isso que um dos hábitos mais essenciais do modelo 80/80 é revelar os problemas na hora em que acontecem. Como discutimos no capítulo 7, não é preciso passar por um processo muito complicado. Tudo o que é preciso fazer é Revelar e Pedir: revelar o que está sentindo e fazer um pedido realista.

Ao adotar essa prática, no caso do insulto no jantar com amigos, você diria ao parceiro: "Quando você fez aquela piada na hora do jantar, me deixou magoada de verdade. Por favor, tenha mais cuidado com o que for dizer da próxima vez". No caso do filho esquecido no clube, você diria: "Fico assustada quando você esquece de ir buscar nosso filho. Fico achando que não dá para confiar em você. Da próxima vez, você pode colocar um alarme no celular?". Ou, no caso do atraso de 45 minutos: "Quando você chega tão tarde sem nem me mandar uma mensagem, sinto que dá mais valor ao seu tempo do que ao meu. Por favor, dá para não esquecer de me avisar quando for se atrasar?".

Ao revelar o problema para recuperar a sintonia, você estará fazendo um favor não apenas a si mesmo mas também ao seu parceiro, dando um feedback importante de como ser melhor companheiro, amante, amigo ou parceiro de planejamento.

### REVELE OS PROBLEMAS
### ASSIM QUE APARECEREM

PRÁTICA 80/80

Revelar e Pedir é um hábito situacional, que você pratica quando algo o deixa irritado, nervoso ou ressentido. Por isso, a "deixa" ideal é o seu estado emocional. Sempre que se sentir fora do prumo, incomodado, magoado ou zangado com o seu parceiro, é sinal de que é uma hora boa para praticar o Revelar e Pedir.

|  | RITUAL | FREQUÊNCIA | DEIXA |
|---|---|---|---|
| REVELAR E PEDIR | *Exemplo:* Expressar uma revelação e um pedido. | *Exemplo:* Assim que o problema surge ou no fim do dia. | *Exemplo:* Sensação de ressentimento, raiva ou mágoa em relação ao parceiro. |

## HÁBITO 4: O BALANÇO DO ÊXITO COMPARTILHADO

Existe uma certa polêmica em torno daquilo que ganhou o nome de "reunião de casal" — a hora em que os dois se sentam como diretores de um comitê de empresa para discutir planos, metas e logística.

De um lado, você tem os casais entusiastas dessa prática. Vejamos o caso de Tim e Heather, que nos disseram: "Ter reuniões de casal, ou 'dar uma geral', como chamamos, é marcar uma hora obrigatória para fazer uma pausa e dar uma olhada na agenda, ver o que está previsto para a semana e fazer um balanço. Quando não fazemos isso, a coisa às vezes fica muito feia". Ou, como nos revelou outra mulher:

"Se não reservamos um tempo para nos reunirmos, o jantar fora vira um debate sobre planejamento, o que não é tão romântico".

Outros casais, porém, relutam em adotar a formalidade empresarial de uma reunião. Encaram esse tipo de coisa como algo forçado e nem um pouco sexy.

Compreendemos essa repulsa a transformar o casamento em um evento de estratégia empresarial. Mas o problema é o seguinte: chega um momento em que compartilhar a vida com alguém fica bem complicado. No início, a experiência do namoro é livre de responsabilidades. Adicione à receita uma ou duas carreiras, com as respectivas cobranças; compartilhar um espaço, uma casa ou apartamento; filhos; problemas de saúde imprevistos; pais idosos. E uma pandemia. De repente, cuidar de um lar em comum se torna tão complexo quanto administrar uma empresa.

Você pode ignorar tudo e rezar para que as coisas voltem num passe de mágica àqueles primeiros e incríveis anos, quando o maior problema era decidir de quem era a vez de pagar o supermercado. Essa é uma escolha ruim. Ou você pode regredir ao modelo 80/20, em que um dos parceiros faz tudo — escolha ainda pior. Ou aceitar a realidade de que o casamento moderno envolve uma dose inadministrável de complexidade logística e implantar uma estrutura que permita lidar de forma mais apropriada com essa organização do cotidiano. É a escolha que recomendamos.

Isso pode ser feito adotando o hábito do balanço familiar do êxito compartilhado. É um momento dedicado a deixar os dois no mesmo compasso em relação à logística do cotidiano. Pode ser uma conversa rápida de manhã, todo dia. Pode ser um balanço mais demorado, uma vez por semana. Pode até ser um período de reflexão mais prolongado, algumas vezes por ano, em que vocês fazem um pequeno recuo para avaliar a situação mais geral.

Eis uma dica de especialista para tirar o máximo proveito desses balanços: é absolutamente primordial tentar se manter num espírito de generosidade radical e êxito compartilhado. Preste atenção para não se deixar levar pela tendência a pensar só naquilo que é conveniente. Lembre-se, então, de recorrer à pergunta essencial do êxito compartilhado 80/80: "O que é melhor para nós?".

---

**OS BALANÇOS DE ÊXITO COMPARTILHADO**

*PRÁTICA 80/80*

Recomendamos dois tipos de avaliação do êxito compartilhado. Os balanços regulares (diários ou semanais), que mantêm vocês atentos à logística do cotidiano, e os balanços mais prolongados, ocasionais, que permitem recuar um pouco para analisar mudanças estruturais maiores na divisão de papéis, prioridades, poder ou sexo.

|  | RITUAL | FREQUÊNCIA | DEIXA |
|---|---|---|---|
| BALANÇO CURTO | Exemplo: Repassar juntos a agenda. | Exemplo: Diariamente ou semanalmente. | Exemplo: Ao acordar no domingo. |
| BALANÇO GERAL | Exemplo: Avaliar juntos divisão de papéis, prioridades, limites, poder e sexo. | Exemplo: Trimestralmente ou anualmente. | Exemplo: No começo de cada ano. |

## HÁBITO 5: CRIAR ESPAÇO LIVRE DE DISTRAÇÕES DIGITAIS

Enquanto escrevíamos este livro, ficamos sabendo de histórias terríveis de casos extraconjugais, divórcios e conflitos insuperáveis. Porém, mesmo em algumas das mais trágicas dessas histórias, sempre havia um componente sutil de desconexão. Eram casais que toda noite ficavam sentados na cama, cada um olhando para a tela do seu smartphone ou tablet, tão viciados em redes sociais, blogs, sites de notícias ou jogos que era como se o outro não existisse. Havia casos em que um dos parceiros queria ter uma conversa importante, discutir planos ou revelar um problema, mas sentia que o outro "não estava presente", pois sua atenção parecia dividida entre a conversa e o aparelho em sua mão.

Essas histórias apontam para uma experiência cultural mais ampla. Até certo ponto, todos nós estamos vivendo o que a psicóloga Linda Stone chamou de estado de "atenção parcial contínua": nunca totalmente ligados, nunca totalmente desligados, sempre levemente distraídos em relação ao que está acontecendo no momento presente.[6]

No casamento, esse estado acaba se tornando uma barreira a mais para a conexão. A sedutora atração do aparelho em nosso bolso nos distrai do nosso desejo efetivo de sedução — a sedução boa, aquela que nos impulsiona de volta a uma presença plena, a dois. Em termos claros, é como se muitos de nós estivéssemos tendo um caso com a nossa caixa de e-mails e mensagens, as nossas redes sociais, os sites de notícias ou os jogos. E é um caso que se interpõe no meio de uma relação muito mais gratificante.

Existe um jeito simples, mas nem sempre fácil, de pôr fim a esse padrão: criar tempo e espaço livres de distrações digitais. Os casais que entrevistamos mencionaram algumas maneiras de fazer isso:

- Manter os smartphones e tablets fora do quarto.
- Deixar os aparelhos dentro de uma caixa em momentos que demandam foco, como a hora do jantar.
- Estabelecer a regra de pedir permissão toda vez que usarem o celular na presença do outro, dizendo: "Será que agora é um bom momento para eu responder essa mensagem?".
- Se possível, ao saírem à noite para uma caminhada ou um jantar, deixar os telefones em casa.
- Deixar o aparelho no modo "não perturbe" para bloquear chamadas e mensagens sem importância nas horas de intimidade.
- Nunca fazer sexo com o celular por perto.
- Antes de dar uma olhadinha no celular, perguntar-se: "Preciso mesmo ver isso agora?". Talvez você se surpreenda ao constatar que a resposta, geralmente, é "não".

---

### COMO CRIAR UM ESPAÇO LIVRE DE DISTRAÇÕES DIGITAIS

PRÁTICA 80/80

Pense no quanto você e o seu parceiro estão viciados em distrações digitais. Elabore, então, de um a três rituais para criar espaço livre no cotidiano, para se conectarem mais e se concentrarem no que é importante de verdade.

| | RITUAL | FREQUÊNCIA | DEIXA |
|---|---|---|---|
| **CRIAR ESPAÇO LIVRE DE DISTRAÇÕES DIGITAIS** | *Exemplo:* Manter os aparelhos longe dos olhos. | *Exemplo:* Diariamente. | *Exemplo:* Ao ir para a cama. |
| | | | |

Quanto mais esses cinco hábitos se tornarem parte regular e quase automática da vida do casal, maior será sua vivência de conexão, intimidade e alegria.

# Epílogo

# Epílogo

Existe um motivo pelo qual o casamento moderno parece tão complexo, contraditório e até inviável. É uma tensão contra a qual nós nos chocamos o tempo todo, ao longo dos nossos quinze anos de matrimônio e também nas entrevistas que fizemos para escrever este livro. Em resumo, é a tensão entre duas metas conflitantes que moldam nosso cotidiano: a vontade de brilhar como indivíduos e a vontade de compartilhar a vida com alguém.

O primeiro desejo é martelado em nosso inconsciente por uma cultura que celebra o individualismo a todo custo. Desde que somos pequenos, ouvimos que é para sonhar alto, realizar grandes façanhas e mudar o mundo. Cultuamos pessoas fora de série: estrelas do rock, grandes pensadores, celebridades, influenciadores digitais e líderes empresariais. Para ter sucesso na vida, dizem, precisamos virar *alguém*, fazer algo incrível, ser a melhor versão de nós mesmos.

Aí vem o casamento, essa relíquia arcaica, criada para ser tudo menos individualista. Na verdade, é o contrário. O casamento e os relacionamentos de longo prazo nos conclamam a uma fusão, à unificação de planos, metas e ambições diferentes.

E ainda nos perguntamos por que os relacionamentos são tão difíceis. Ou por que tanta gente inteligente e bem-sucedida fracassa nesse aspecto. Ou por que tantos casamentos que são felizes na aparência acabam em divórcio.

O casamento e os relacionamentos nos forçam a um giro cultural instantâneo de 180 graus, que de uma hora para outra faz de nós parte de algo maior justo quando ainda estamos começando a percorrer nosso caminho como indivíduos. Instantes depois de dizer "Aceito", espera-se que abandonemos a busca de uma vida inteira pela excelência individual para juntar nosso dinheiro, nosso espaço vital, nossa energia e nosso tempo com os de outra pessoa — e fazer isso pelo resto da vida, até que a morte nos separe.

Esse é o problema ao qual fomos apresentados assim que começamos a morar juntos e Nate parecia incapaz de guardar seus tênis de corrida. É um problema que foi ficando mais profundo e complexo a cada ano de casamento. É exatamente o mesmo problema que vários casais que entrevistamos compartilharam conosco. É o problema que surge quando se manda uma geração inteira ser autônoma, especial e excepcional para logo depois abrir mão desse condicionamento da vida inteira e fazer uma transição impecável para o projeto de dividir a vida com outro ser humano.

Como faziam os nossos ancestrais? Eles adotaram uma solução simples, porém absolutamente injusta, como vimos. No modelo 80/20, eles alcançavam essa unidade à custa da submissão da identidade individual de gerações inteiras de mulheres. Dois se transformavam em um por meio do empoderamento do homem para reinar sobre a família como um senhor feudal, deixando a mulher sem voz, sem ambição e sem um jeito fácil de pular fora.

Graças às transformações culturais e econômicas, hoje

há um amplo consenso em torno do fato de que os dois parceiros devem ser iguais no casamento. É uma aspiração nem sempre atendida, mas que abriu as portas a uma nova era do matrimônio, a do 50/50.

O problema com o modelo 50/50 é que ele nos levou tão longe na direção do individualismo e do distanciamento que muitos casais perderam o acesso justamente ao que torna o casamento tão incrível: a capacidade de conexão, o compartilhamento e a experiência de uma sensação de unicidade. É um modelo que nos manda sermos racionais, em vez de românticos; igualitários, em vez de generosos; vencedores individuais, em vez de como equipe.

Isso leva a uma pergunta essencial. Se nosso objetivo, como indivíduos, é permanecer separados e não nos sentirmos ameaçados, se queremos que as coisas sejam perfeitamente igualitárias, então por que nos casamos ou nos envolvemos num relacionamento? Por que não simplificar as coisas e vivermos sozinhos?

É uma pergunta que bastante gente anda fazendo nos últimos tempos. E para muitos a resposta é que, de fato, chegaram ao fim do casamento ou do relacionamento.[1] Não sentem mais necessidade de viver a dois. Deixa de valer a pena ceder à ideia ingênua de que estão melhor com alguém, numa parceria, do que separados, como dois indivíduos.

Escrevemos este livro porque acreditamos que a resposta para essa pergunta é outra. Certo, dá para sobreviver e até mesmo prosperar como indivíduo. Porém, compartilhar a vida com alguém abre as portas para algumas das experiências mais elevadas, mais gratificantes e mais sublimes que podemos viver.

Escrevemos este livro porque acreditamos que é possível se envolver em um relacionamento que preserve a identidade individual e ao mesmo tempo possibilite a conexão profunda e autêntica que decorre de uma vida compartilhada.

O caminho para um casamento ou relacionamento 80/80 nem sempre é simples. Exige resistir a muitos dos instintos inculcados dentro de nós por uma cultura individualista. Esperamos, porém, ter demonstrado ao longo deste livro que é um caminho que todo casal pode traçar.

Em uma época definida pelo narcisismo, pela autopromoção e pela autoproteção, o modelo 80/80 é radical. Ele se baseia na ideia de que podemos atingir os estados mais profundos de conexão, intimidade e felicidade quando nos aproximamos um do outro, e não quando cada um segue o seu caminho. É um sistema projetado em torno da ideia de que virarmos um só pode ser a maior fonte de alegria à qual podemos ter acesso.

Como vimos, o modelo 80/80 exige duas transformações centrais. A primeira é uma mudança de mindset em favor da generosidade radical. A segunda é uma mudança estrutural em favor do êxito compartilhado em todos os aspectos da vida. Testemunhamos em primeira mão a força dessas duas transformações: elas mudaram tudo em nosso casamento e em nossa vida. E quando conversamos com outros casais sobre suas experiências, descobrimos que não somos uma espécie de aberração conjugal fruto do acaso.

Muitos casais felizes apontaram as qualidades do modelo 80/80 como chave para um relacionamento saudável. Eles não falam dos parceiros com sarcasmo ou desprezo. Têm e demonstram orgulho dos companheiros. Falam menos de igualitarismo e mais sobre o papel essencial dos pequenos atos de gentileza e generosidade. Não falam de façanhas individuais. Falam em vencer juntos, como um time.

Nossa intenção não é dizer que o modelo 80/80 é a única forma de viver um casamento. Afinal, o casamento, como a própria vida, não tem uma fórmula única de sucesso, que sirva para todo mundo.

Vivemos, porém, em uma época peculiar, com desafios peculiares. É uma época definida por transformações alucinantes, estresse brutal e a atração quase incessante das distrações digitais. É uma época definida por um estado permanente de ocupação — a sensação diária de estar apressado, tendo coisas demais para fazer, sem jamais ter tempo de desacelerar para desfrutar do tempo juntos.

É uma época em que muitos casais estão em busca de um novo modelo de casamento, uma forma de estar juntos que proporcione um porto seguro para o estresse da vida moderna e dê acesso a vivências que tornem o casamento algo pelo qual vale a pena lutar: prazer absoluto, conexão profunda e amor.

É hora do modelo 80/80.

# Agradecimentos

Aconteceu uma coisa inesperada durante a produção deste livro. No último mês de trabalho no manuscrito, tivemos que fazer distanciamento social e ficar em casa durante o início da quarentena da pandemia do novo coronavírus. Viver em isolamento quase absoluto se revelou o teste de estresse perfeito para nossas ideias, algo como um equivalente conjugal de correr uma ultramaratona. Durante esse período de crise, nos afastamos várias vezes do 80/80, mas esse modelo e os esforços para sempre recorrer à generosidade radical e ao êxito compartilhado nos ajudaram a crescer juntos. Ele nos deu um senso de direção em meio à tempestade.

O último mês de escrita também nos fez lembrar do valor de uma comunidade. Lembrou-nos que, sem a ajuda de tantos outros, este projeto teria sido simplesmente impossível.

A gratidão começa pelos nossos pais. Joe e Margi, os pais de Nate, levaram nossa filha muitas vezes para tomar café da manhã, o que nos liberou alguns momentos para escapadas matinais fazendo trilhas. E foi durante uma dessas trilhas que nasceu a ideia deste livro.

Jim e Judy, os pais de Kaley, estiveram na linha de frente, apoiando-nos tanto na vida cotidiana como durante o último e caótico mês de escrita. A disposição deles em nos ajudar com as aulas virtuais e em receber nossa filha para dormir na casa deles algumas noites nos permitiu manter a conexão e o foco para dar à luz este livro. O irmão de Kaley, Paul, e a irmã, Adela, também ajudaram de diversas maneiras, oferecendo dicas para o livro e nos lembrando de que nunca devíamos deixar de rir de nós mesmos.

Também tivemos a felicidade de contarmos com uma equipe maravilhosa na Penguin Random House. Nossa editora, Meg Leder, ajudou-nos a moldar a ideia desde os estágios iniciais até a forma definitiva. Suas ideias e seus comentários certeiros nos levaram a pensar no casamento 80/80 sob formas novas e inesperadas. A editora-assistente Amy Sun nos ajudou com o frescor do seu olhar sobre as ideias do manuscrito, apontando vários pontos cegos em nosso raciocínio. Também somos gratos a nossa agente literária, Nicole Tournelot, que acreditou em nós e nesta ideia desde o comecinho.

Este livro não teria sido possível sem as inúmeras conversas que tivemos com casais dispostos a nos contar a experiência de seus casamentos. Não é possível citar todos eles, pois foram muitos, mas somos eternamente gratos por compartilharem as alegrias e as verdades incômodas de suas vidas juntos.

Também gostaríamos de agradecer a nossos amigos e colegas pelo apoio e pelo feedback ao longo do processo criativo. Eric Langshur, que fundou a LifeXT com Nate e é coautor do livro *Start Here: Master the Lifelong Habit of Wellbeing* [Comece aqui: domine o hábito do bem-estar para a vida toda], foi uma fonte sólida de apoio, mentoria e inspiração. Nossos bons amigos Priti e Ankit Patel, mencionados no capítulo 3, foram os "adotantes originais" do casamento 80/80, testando todas as ideias e conceitos novos. Cameron Madill nos deixou maravilhados com suas ótimas sacadas sobre o primeiro rascunho. Sue Heilbronner nos ajudou a enxergar nosso texto de uma nova maneira, e foi uma enorme fonte de apoio desde o começo. Jim Kochalka nos inspirou a nos mantermos fiéis à nossa voz sem perder a autenticidade na pesquisa.

Nossa gratidão eterna a nosso pequeno círculo de amigos, nossos parceiros na investigação das ideias e dos desafios que o cotidiano nos traz: Meredith e Bo Parfet, Liz e Derek Nelson e Delynn Copley e Pat Hubbell.

Por fim, somos gratos à nossa filha, a "jo" de "Kajona", aquela que transformou tudo.

# Apêndice

RECURSOS ADICIONAIS

MINDFULNESS

Todas as práticas do casamento 80/80 demandam a capacidade de interromper os hábitos 80/20 e 50/50, muitas vezes inconscientes, em que recaímos. Para desenvolver essa capacidade de se dar conta do estado de espírito atual e passar a um estado mais produtivo, é essencial treinar a atenção plena ou mindfulness. Para mais informações sobre como começar uma prática mindfulness, consulte:

- Eric Langshur e Nate Klemp, *Start Here: Master the Lifelong Habit of Wellbeing* (Nova York: Northstar Way, 2016). É um livro que proporciona orientação prática sobre uma ferramenta chamada Percepção-Alteração-Reprogramação para transformar o mindfulness em um hábito regular.
- Pema Chödrön, *How to Meditate* (Boulder, Colorado: Sounds True, 2013). Um fantástico guia para iniciantes interessados em saber mais sobre como meditar.
- Joseph Goldstein, *Mindfulness: A Practical Guide to Awakening*

(Boulder, Colorado: Sounds True, 2013). Um dos livros mais abrangentes sobre a prática mindfulness (perfeito para os interessados em um mergulho profundo no tema).

### VIDA CONSCIENTE E LIDERANÇA

Sua capacidade de sustentar a prática de um casamento 80/80 não é apenas questão de atenção plena. É também uma questão de se conscientizar da maneira como interage com os outros. Para aprender mais, consulte:

- Jim Dethmer, Diana Chapman e Kaley Warner Klemp, *The 15 Commitments of Conscious Leadership* (edição dos autores, 2015). O livro apresenta quinze compromissos-chave para se tornar um líder mais consciente.
- Gay Hendricks, *Conscious Living: Finding Joy in the Real World* (Nova York: Harper, 2009). Este é um clássico sobre como levar a todos os aspectos da vida esse espírito de consciência expandida.

## QUESTIONANDO SUAS IDEIAS

Uma das ideias-chave do 80/80 é a de que o mindset determina sua experiência conjugal. Essa ideia está no cerne do trabalho de Byron Katie. Nas palavras dela: "O mundo é um espelho da sua própria mente". Para saber mais sobre como aprofundar sua prática 80/80 explorando a abordagem socrática de Katie de questionar as próprias ideias, consulte:

- Byron Katie, *Loving What Is* (New York: Three Rivers

Press, 2003). [Ed. bras.: *Ame a realidade: Quatro perguntas que podem mudar sua vida*. Rio de Janeiro: Best Seller, 2009.]
- Byron Katie, *A Thousand Names for Joy* (Nova York: Harmony, 2008).

## SEXO E EROTISMO NO CASAMENTO

O modelo do casamento 80/80 se baseia na ideia de que a qualidade da vida sexual está intimamente ligada à qualidade da conexão nos outros campos da vida do casal. Aumentar a intimidade, em outras palavras, costuma ser menos uma questão de aprender novas técnicas e ferramentas na cama e mais uma questão de mudança no mindset e na estrutura do casamento. Em todo caso, existe uma ampla gama de técnicas poderosas, mais diretamente relacionadas ao sexo e à intimidade, que também servem para turbinar a conexão erótica entre vocês. Aqui vão algumas das nossas abordagens favoritas:

- David Deida, *The Way of the Superior Man* (Boulder, Colorado: Sounds True, 2004). Um livro clássico sobre como aumentar o erotismo através de experiências com as polaridades energéticas do masculino e do feminino.
- Layla Martin, "Epic Lovers", em LaylaMartin.com: <https://laylamartin.com/epic-lovers-digital-guide>. Um excelente guia gratuito com todo tipo de dicas práticas para experimentar na cama.
- Esther Perel, *Sexo no cativeiro: Como manter a paixão nos relacionamentos* (Rio de Janeiro: Objetiva, 2020). Uma discussão fantástica sobre os bloqueios à intimidade que costumamos encontrar na vida moderna, assim como ferramentas à nossa disposição para superá-los.

# Notas

INTRODUÇÃO [pp. 9-23]

1. Uma nota rápida sobre a metodologia, para os interessados. Fizemos mais de cem entrevistas com pessoas que são (1) casadas, (2) divorciadas, (3) em um relacionamento íntimo sério ou (4) especialistas em relacionamentos. Aos casais, pedimos que ficassem trinta minutos conosco e que cada parceiro fosse entrevistado separadamente. Em alguns casos, os casais preferiram conceder a entrevista juntos, numa única conversa de trinta minutos. Isso foi feito por telefone e adotamos o seguinte formato: durante os primeiros cinco minutos, apresentamos o projeto. No restante do tempo, conduzimos uma entrevista semiestruturada, com uma lista de perguntas. Começamos entrevistando pessoas que conhecíamos, mas então pedimos que nos apresentassem a outros casais, o que expandiu a abrangência da pesquisa para muito além da nossa rede de contatos sociais e profissionais. A fim de assegurar a diversidade da amostra, fizemos uma busca ativa de casais do mesmo sexo, casais com não conformidade de gênero, casais inter-raciais, casais em que um dos parceiros ou ambos pertencem a minorias étnicas, casais de classes socioeconômicas mistas e casais com mais de uma visão religiosa e política.

2. Não somos os primeiros a considerar que o casamento evoluiu ao longo de três estágios. Na verdade, somos gratos ao trabalho desbravador do especialista em relacionamentos David Deida, primeira pessoa que encontramos a indicar essa progressão de três estágios. Compartilhamos sua visão desse processo. A teoria de relacionamentos dele, porém, leva a um destino radicalmente diferente. Deida considera que o terceiro estágio é uma questão de polaridade de gênero — homens e mulheres retornan-

do às energias essenciais do masculino e feminino. Nós, em compensação, consideramos esse terceiro estágio, mais aspiracional (o modelo 80/80), como o ápice de uma nova mentalidade nos relacionamentos (a generosidade radical), uma nova estrutura (o êxito compartilhado) e um novo conjunto de hábitos e rituais para sustentar essa transformação. Para seu influente livro sobre o assunto, ver David Deida, *The Way of the Superior Man* (Boulder, Colorado: Sounds True, 2017).

3. "Primário-secundário" é um termo cunhado pela pesquisadora Jennifer Petriglieri, especialista em casamentos. Ela alega que a maioria dos casais recai em uma das três seguintes categorias: "primários-secundários", em que a carreira de um dos dois vira a prioridade; "primários duplos", em que os casais tentam equilibrar duas carreiras primárias, e "papéis alternantes", em que os parceiros alternam entre a posição primária e a secundária. Ver Jennifer Petriglieri, *Couples That Work* (Cambridge, Massachusetts: Harvard Business School Press, 2019), pp. 70-3.

## 1. 80/20: ONDE ESTÁVAMOS ANTES [pp. 27-39]

1. Edward Podolsky, *Sex Today in Wedded Life*. Nova York: Simon Publications, 1945, p. 237.

2. Ibid.

3. Jim Daly e Paul Batura, "Ten Commandments for Husbands and Wives". *Blog Focus on the Family*, 3 maio 2017. Disponível em: <https://jimdaly.focusonthefamily.com/ten-commandments-husbands-wives>. Acesso em: 13 set. 2022.

4. Stephanie Coontz, *Marriage, a History*. Nova York: Penguin, 2005, pp. 110-1; Jan Luiten Van Zanden, Tina de Moor e Sarah Carmichael, *Capital Women: The European Marriage Pattern, Female Empowerment and Economic Development in Western Europe, 1300-1800*. Nova York: Oxford University Press, 2019.

5. Sheryl Sandberg, *Lean In: Women, Work, and the Will to Lead*. Nova York: Knopf, 2013. [Ed. bras.: *Faça acontecer: Mulheres, trabalho e a vontade de liderar*. São Paulo: Companhia das Letras, 2013.]

6. Ver, por exemplo, "Women Had Higher Median Earnings Than Men in Relatively Few Occupations in 2018". *US Bureau of Labor Statistics*, 22 mar. 2019. Disponível em: <https://www.bls.gov/opub/ted/2019/women-had-higher-median-earnings-than-men-in-relatively-few-occupations-in-2018.htm>. Acesso em: 12 set. 2022. Ver também Benjamin Artz, Amanda Goodall e Andrew J. Oswald, "Research: Women Ask for Raises

as Often as Men, but Are Less Likely to Get Them". *Harvard Business Review*, 25 jun. 2018. Disponível em: <https://hbr.org/2018/06/research-women-ask-for-raises-as-often-as-men-but-are-less-likely-to-get-them>. Acesso em: 12 set. 2022.

7. "Gender Equality Universally Embraced, but Inequalities Acknowledged". *Pew Research Center*, 1 jul. 2010. Disponível em: <https://www.pewresearch.org/global/2010/07/01/gender-equality>. Acesso em: 12 set. 2022.

8. Gretchen Livingston e Kim Parker, "8 Facts About American Dads". *Pew Research Center*, 12 jun. 2019. Disponível em: <https://www.pewresearch.org/fact-tank/2019/06/12/fathers-day-facts>. Acesso em: 12 set. 2022.

9. Judith Shulevitz, "Mom: The Designated Worrier". *The New York Times*, 8 maio 2015. Disponível em: <https://www.nytimes.com/2015/05/10/opinion/sunday/judith-shulevitz-mom-the-designated-worrier.html>. Acesso em: 12 set. 2022.

10. Entrevistamos a dra. Hochschild, e vale a pena observar que na verdade ela restringe a categoria do *trabalho emocional* (*emotional labor*) ao trabalho na esfera pública — isto é, o fardo emocional de trabalhadoras como comissárias de bordo, secretárias e funcionárias do setor de serviços que interagem cara a cara ou "voz a voz" com o público. Ela usa, em compensação, o termo *ocupação emocional* (*emotional work*) para descrever o tipo de trabalho feito no lar. Em discussões contemporâneas da ideia, porém "trabalho emocional" é o termo mais comumente usado para o trabalho doméstico. Por isso, seguimos essa convenção. Ver Arlie R. Hochschild, *The Managed Heart*. Berkeley: University of California Press, 2012, p. 7. Para uma discussão mais contemporânea do trabalho emocional, ver Gemma Hartley, "Women Aren't Nags — We're Just Fed Up". *Harper's Bazaar*, 27 set. 2017. Disponível em: <https://www.harpersbazaar.com/culture/features/a12063822/emotional-labor-gender-equality>. Acesso em: 12 set. 2022. Ver também Gemma Hartley, *Fed Up: Emotional Labor, Women, and the Way Forward*. Nova York: HarperOne, 2018.

2. 50/50: ONDE ESTAMOS HOJE [pp. 40-56]

1. Alix Kates Shulman, "A Marriage Agreement". *A Marriage Agreement and Other Essays*. Nova York: Open Road, 2012, p. 9.
2. Ibid., pp. 9-14.
3. Ibid., pp. 15-37.

4. Coontz, op. cit., p. 230.

5. Mitra Toossi e Teresa L. Morisi, "Women in the Workforce Before, During, and After the Great Recession". *US Bureau of Labor Statistics*, jul. 2017. Disponível em: <https://www.bls.gov/spotlight/2017/women-in-the-workforce-before-during-and-after-the-great-recession/home.htm>. Acesso em: 14 set. 2022.

6. A. W.Geiger e Kim Parker, "For Women's History Month, a Look at Gender Gains — and Gaps — in the U.S.". *Pew Research Center*, 15 mar. 2018. Disponível em: <https://www.pewresearch.org/fact-tank/2018/03/15/for-womens-history-month-a-look-at-gender-gains-and-gaps-in-the-u-s>. Acesso em: 15 set. 2022. Para uma discussão útil sobre como essas transformações no matrimônio influenciaram os casamentos homossexuais, e para um poderoso argumento moral em favor do casamento homossexual, ver Stephen Macedo, *Just Married*. Princeton: Princeton University Press, 2017.

7. Para uma excelente revisão dessa literatura, ver Scott Coltrane, "Research on Household Labor: Modeling and Measuring the Social Embeddedness of Routine Family Work". *Journal of Marriage and Family*, v. 62, n. 4, pp. 1208-33, 2000.

8. Julie E. Press e Eleanor Townsley, "Wives' and Husbands' Housework Reporting: Gender, Class, and Social Desirability". *Gender and Society*, v. 12, n. 2, pp. 188-218, 1998. Para um estudo mais contemporâneo com conclusões similares, ver Jill Yavorsky; Claire M. K. Dush; Sarah J. Schoppe-Sullivan, "The Production of Inequality: The Gender Division of Labor Across the Transition to Parenthood". *Journal of Marriage and Family*, v. 77, n. 3, pp. 662-79, 2015.

## 5. CONTRIBUIÇÃO: O QUE VOCÊ FAZ [pp. 85-95]

1. Para a formulação original de Chapman das cinco linguagens do amor, ver Gary Chapman, *The Five Love Languages*. Chicago: Northfield, 1992. [Ed. bras.: *As cinco linguagens do amor*. Cajamar: Mundo Cristão, 2006.]

## 6. RECONHECIMENTO: O QUE VOCÊ VÊ [pp. 96-107]

1. "Love Lab". Gottman Institute. Disponível em: <https://www.gottman.com/love-lab>. Acesso em: 28 set. 2022.

2. Emily E. Smith, "Masters of Love". *The Atlantic*, 12 jun. 2014. Disponível em: <https://www.theatlantic.com/health/archive/2014/06/happily-ever-after/372573>. Acesso em: 4 out. 2022.

3. Ibid.

4. Kyle Benson, "The Magic Relationship Ratio, According to Science". Gottman Institute. Disponível em: <https://www.gottman.com/blog/the-magic-relationship-ratio-according-science>. Acesso em: 4 out. 2022.

5. "Marriage and Couples". Gottman Institute. Disponível em: <https://www.gottman.com/about/research/couples>. Acesso em: 4 out. 2022.

6. A.Vaish; T. Grossmann e A.Woodward, "Not All Emotions Are Created Equal: The Negativity Bias in Social-Emotional Development". *Psychological Bulletin*, v. 134, n. 3, pp. 383-403, 2008. Para uma descrição mais popular desse fenômeno, ver Rick Hanson, *Buddha's Brain*. Nova York: New Harbinger, 2009.

7. Robert Sapolsky, *Why Zebras Don't Get Ulcers*. Nova York: Holt, 2004.

## 7. REVELAÇÃO: O QUE VOCÊ DIZ [pp. 108-20]

1. Mark Savage e Jill Savage, *No More Perfect Marriages: 10-Day Blog Series*. Disponível em: <https://jillsavage.org/wp-content/uploads/2018/06/No-More-Perfect-Marriages-Blog-Series-PDF-.pdf >.

2. Mark Savage e Jill Savage, *No More Perfect Marriages*. Nova York: Moody, 2017.

3. Gay Hendrickse e Kathlyn Hendricks, *Conscious Loving*. Nova York: Bantam, 1992, p. 115.

4. Para a pesquisa de Carlson sobre o elo entre comunicar-se e compartilhar as tarefas domésticas, ver Daniel Carlson, "Division of Domestic Labor, Communication, and Couples' Relationship Satisfaction". *Working paper*, Universidade de Utah, Salt Lake City, 2020. Para sua pesquisa sobre a correlação entre igualdade e satisfação sexual, ver Daniel L.; Sarah Hanson Carlson e Andrea Fitzroy, "The Division of Child Care, Sexual Intimacy, and Relationship Quality in Couples". *Gender and Society*, v. 30, n. 3, pp. 442-66, 2016.

5. Christine Webb; Maya Rossignac-Milon e E. Tory. Higgins, "Stepping Forward Together: Could Walking Facilitate Interpersonal Conflict Resolution?". *American Psychologist*, v. 72, n. 4, pp. 374-85, 2017.

## 10. PRIORIDADES: QUAL É O "SIM" DE VOCÊS? [pp. 154-65]

1. Gloria Steinem, Aula Magna para a Turma de 1998, Wellesley College, 1988. Disponível em: <https://www.wellesley.edu/events/commencement/archives/1988Commencement/commencementaddress>. Acesso em: 30 set. 2022.

2. Twitter de Ty Rogers (@_TyRogers_), 1 abr. 2020. Disponível em: <https://twitter.com/_tyrogers_/status/1245503349010477056?lang=en>. Acesso em: 30 set. 2022.

3. Stewart Friedman; Elizabeth G. Saunders; Peter Bregman e Daisy W. Dowling, *HBR Guide to Work-Life Balance*. Cambridge, Massachusetts: Harvard Business Review Press, 2019.

4. Greg McKeown, *Essentialism: The Disciplined Pursuit of Less*. Nova York: Currency, 2014. [Ed. bras.: *Essencialismo: A disciplinada busca por menos*. São Paulo: Sextante, 2014.]

## 11. LIMITES: QUAL É O SEU "NÃO"? [pp. 166-80]

1. Stan Tatkin, *Wired for Love*. NovaYork: New Harbinger, 2012, pp. 119-38.

2. Para uma excelente discussão do problema dos limites, bem como uma lista muito mais extensa das diversas maneiras de dizer "não", ver McKeown, *Essencialismo*, op. cit., cap. 14.

## 12. PODER: QUEM ESTÁ NO COMANDO? [pp. 181-200]

1. Mark Hodkinson, *Queen: The Early Years*. Nova York: Omnibus Press, 2009.

2. Ibid.

3. *Queen: The Music. The Life. The Rhapsody*. Life Magazine Book, v. 18, n. 22, 2018.

4. Essa ideia de poder "arbitrário" tolhendo a liberdade permeia a tradição republicana da teoria política. Para um ótimo exemplo, relativamente recente, da liberdade como "não dominação", ver Philip Pettit, *Republicanism: A Theory of Freedom and Government*. Nova York: Oxford University Press, 1998.

5. Laina Bay-Cheng, "Who Wears the Pants in a Relationship Matters — Especially If You're a Woman", *The Conversation*, 9 abr. 2017. Disponível em: <http://theconversation.com/who- wears-the-pants-in-a-relationship-matters-especially-if-youre-a-woman-74401>. Acesso em: 4 out. 2022. Para seu artigo acadêmico, ver Laina Bay-Cheng; Eugene Maguin e Anne E. Bruns, "Who Wears the Pants: The Implications of Gender and Power for Youth Heterosexual Relationships", *Journal of Sex Research*, v. 55, n. 1, pp. 7-20, 2018.

6. Léa Rose Emery, "How Should You Really Be Splitting the Bills with Your Partner?" *Brides*, 12 jan. 2020. Disponível em: <https://www.brides.com/story/how-should-you-really-be-splitting-the-bills-with-your-partner>. Acesso em: 4 out. 2022.

### 13. SEXO: A GENEROSIDADE ORGÁSTICA [pp. 201-22]

1. Esther Perel, *Mating in Captivity*. Nova York: HarperCollins, 2009, p. 75. [Ed. bras.: *Sexo no cativeiro*. Rio de Janeiro: Objetiva, 2020.]
2. Belinda Luscombe, "Why Are We All Having So Little Sex?" *Time*, 26 out. 2018. Disponível em: <https://time.com/5297145/is-sex-dead>. Acesso em: 26 set. 2022.
3. Jean M. Twenge; Ryne A. Sherman e Brooke E.Wells, "Declines in Sexual Frequency Amount American Adults, 1989-2014". *Archives of Sexual Behavior*, v. 46, n. 8, pp. 2389-401, 2017. Disponível em: <https://link.springer.com/article/10.1007/s10508-017-0953-1>. Acesso em: 4 out. 2022. Para um relato da atual "recessão sexual", ver Kate Julian, "Why Are Young People Having So Little Sex?". *The Atlantic*, dez. 2018. Disponível em: <https://www.theatlantic.com/magazine/archive/2018/12/the-sex-recession/573949>. Acesso em: 30 set. 2022.
4. L. C. Day et al., "To Do It or Not to Do It? How Communally Motivated People Navigate Sexual Interdependence Dilemmas". *Personality and Social Psychology Bulletin*, v. 4, n. 6, pp. 791-804, 2015. U. S. Rehman et al., "Marital Satisfaction and Communication Behaviors During Sexual and Nonsexual Conflict Discussions in Newlywed Couples: A Pilot Study". *Journal of Sex and Marital Therapy*, v. 37, n. 2, pp. 94-103, 2011.
5. Ver, por exemplo, Samuel L. Perry e Cyrus Schleifer, "Till Porn Do Us Part? A Longitudinal Examination of Pornography Use and Divorce". *Journal of Sex Research*, v. 55, n. 3, pp. 284-96, 2018.
6. Perel, op. cit., p. 142.
7. Heidi Stevens, "Want a Better Sex Life? Choreplay Definitely Works". *Chicago Tribune*, 26 ago. 2016. Disponível em: <https://www.chicagotribune.com/lifestyles/ct-egalitarian-marriage-better-sex-balancing-20150826-column.html>.
8. Tony DiLorenzo; Alisa DiLorenzo, *7 Days of Sex Challenge: How to Rock Your Sex Life and Your Marriage*. Amazon CreateSpace, 2013.

## 14. RESISTÊNCIA: O PARCEIRO RELUTANTE [pp. 225-45]

1. Gene Landrum, *Profiles of Female Genius*. Nova York: Prometheus Books, 1994, p. 323.
2. Gloria Steinem, *The Truth Will Set You Free, but First It Will Piss You Off!* Nova York: Random House, 2019, p. 31.
3. Jessica Valenti, "Kids Don't Damage Women's Careers — Men Do". *Medium*, 13 set. 2018. Disponível em: <https://gen.medium.com/kids-dont-damage-women-s-careers-men-do-eb07cba689b8>. Acesso em: 3 out. 2022.
4. Gay Hendricks e Kathlyn Hendricks, "The Art of Commitment," *Psychotherapy Networker*, set.-out. 2001. Disponível em: <https://www.psychotherapynetworker.org/magazine/article/869/the-art-of-commitment>. Acesso em: 4 out. 2022. Para saber mais como esse conceito se aplica ao casamento e ao cotidiano, ver Gay Hendricks e Kathlyn Hendricks, *Conscious Loving*. Nova York: Bantam, 1992; Gay Hendricks, *Conscious Living*. Nova York: Harper, 2009; Gay Hendricks, *Big Leap*. Nova York: HarperOne, 2010.

## 15. RITUAIS: OS 5 HÁBITOS ESSENCIAIS DO CASAMENTO 80/80 [pp. 246-63]

1. William James, "Habit". In: John McDermott (Org.). *The Writings of William James*. Chicago: University of Chicago Press, 1977, p. 12.
2. Charles Duhigg, *The Power of Habit*. Nova York: Random House, 2014. [Ed. bras.: *O poder do hábito*. Rio de Janeiro: Objetiva, 2012.]
3. Ibid.
4. O livro de Nate com Eric Langshur, *Start Here*, oferece uma investigação detalhada de como implantar os hábitos cruciais do bem-estar e da resiliência; ver Eric Langshur e Nate Klemp, *Start Here: Master the Lifelong Habit of Wellbeing*. Nova York: Northstar Way, 2016. Um dos livros clássicos na área é B. J. Fogg, *Tiny Habits: The Small Changes that Change Everything*. Nova York: Houghton Mifflin Harcourt, 2019. [Ed. bras.: *Micro-hábitos: As pequenas mudanças que mudam tudo*. São Paulo: HarperCollins, 2020.] Ver também James Clear, *Atomic Habits*. Nova York: Avery, 2018. [Ed. bras.: *Hábitos atômicos*. Rio de Janeiro: Alta Life, 2019.]
5. Brad Feld e Amy Batchelor, *Startup Life*. Nova York: Wiley, 2013, p. 79.
6. Linda Stone, "Beyond Simple Multi-Tasking: Continuous Partial Attention". LindaStone.net. 30 nov. 2009. Disponível em: <https://lindastone.net/qa/continuous-partial-attention>. Acesso em: 4 out. 2022.

epílogo [pp. 265-69]

1. Ver, por exemplo, Mandy Len Catron, "What You Lose When You Gain a Spouse". *The Atlantic*, 2 jul. 2019. Disponível em: <https://www.theatlantic.com/family/archive/2019/07/case-against-marriage/591973/>. Acesso em: 2 out. 2022.

TIPOGRAFIA Adriane por Marconi Lima
DIAGRAMAÇÃO acomte
PAPEL Pólen Natural, Suzano S.A.
IMPRESSÃO Gráfica Bartira, janeiro de 2023

A marca FSC® é a garantia de que a madeira utilizada na fabricação do papel deste livro provém de florestas que foram gerenciadas de maneira ambientalmente correta, socialmente justa e economicamente viável, além de outras fontes de origem controlada.